致盛鮮師vs.至聖先師

科學遊戲創意教學

陳忠照◆著

作者簡介

陳忠照

學歷
- 台灣省立台北師範學校　畢業
- 國立台灣師範大學化學系　理學士
- 美國威斯康辛大學　科學教育碩士

經歷
- 國立台北師範學院　總務長、學生事務長
- 國立台北師範學院數理教育學系　系主任
- 自然與生活科技領域科學創意遊戲種子師資研習班　指導教授
- 遠哲科學教育基金會生活科學營　規劃委員
- 馬來西亞華校教師會總會多元活潑教學科學營主講人
- 全國大學院校七十八學年度教學特優教師獎
- 教育部八十九年度優秀教育行政人員獎

著作
- 兒童科學研習活動之課程設計與推廣
- 我國科學教育發展趨勢
- 特殊教育自然科學課程設計與教學活動之研究
- 幼兒環境教育圖畫叢書
- 校園環境步道教學活動設計與實施研究
- 親子 100 科學遊戲

張　序

　　這是一本有助於教學改革以提高教育效能的著作，全文蘊藏著三個「三合一」相乘積的能量，真是難得。

　　首先，本書嘗試將科學、遊戲和創意三者融合為一，介紹有創意的科學遊戲教學理論與活動，藉資改善科學教學，使不再侷限於傳統般的灌輸、難懂、呆板、無趣而生畏。科學遊戲化，使教學生動活潑；教學重創意，使學習進步超越現有。

　　第二個三合一是將理念、應用和產出三者貫達串連成為完整的系統。換言之，本書將科學的概念與理則，轉化為教學活動設計，引導學生懂得應用並動手做出成果或作品；避免過去科學教育偏重理念的講解、記憶的缺憾。

　　第三，本書無論是「教育理念篇」或是「教學實務篇」，都妥切考慮其參考使用對象，包括了教師、學生和家長，期能匯聚教學三要角的共同關懷、用心和協力，俾能產生三合一相乘效能以提升教學成果。

　　本書集合上述三個「三合一」於一身，其內容很符合政府自九十學年度實施的國民中小學九年一貫課程所強調的「創新教學」改革目標。「教學創新」意指：㈠教師從事教學，其方法有突破，其策略有求變，過程呈現生動活潑、有變化，足以引起學習興趣和熱烈參與。㈡教學過程中，教師不忘求取生動中有認知，活潑中有啟發，學習成果不但知識增加了，思考能力也獲得啟發而提升了。這本書的功能，恰可幫助教師、家長和學生達成上述「教

學創新」所希望達成的目標，所以是九年一貫課程改革中很具參考價值的作品。

　　作者是北師人，民國五十二年畢業於省立台北師範學校，曾任小學教師三年；嗣後升學台灣師範大學化學系，畢業後又擔任中學教師多年。莊敬自強，數年後赴美留學獲得碩士學位旋即回國任教本校擔任化學教師。他的求學過程是勤奮好學，力爭上游的好典範，是很道地的師範生模式。回饋母校卅年，歷任本校數學教育學系與自然科學教育學系前身數理教育學系系主任、總務長、學務長，是位難得的學術與行政能力雙備的人才，北師人以他為榮。欣聞新著即將付梓，爰綴數語用之為序，並表道賀之意。

國立台北師範學院

校長　張玉成　敬筆於元月 19 日

鄭　序

　　認識陳忠照教授已將近四十年，他主修化學，專攻科學教育。四十年來，行事為人做學問，一直保持一顆赤子之心，著迷於科學遊戲創意教學，並倡導辦理親子科學教室，在國立台北師範學院不斷為台灣北部各縣市的國小教師培訓種子隊伍，為基層的科學教育工作扎根奉獻，其精神實在令人欽佩。二○○一年春天，更為了多致力於普及科學創意教學，提前退休，執意推動基層科學教育工作，游走於學校及民間社團，為實現理想，著力於師資培訓與親職教育。

　　遠哲科學教育基金會的宗旨在推動科學普及教育，主張引導青少年朋友從生活的周遭環境去發現科學問題，以日常的生活素材，用生動有趣的方法去「動手玩科學」，體驗科學可親的面貌，學習科學的知識，建立正確的科學態度與精神。而陳教授的理念與作法，可說與基金會完全契合。所以，得知陳教授退休時，我們立刻延攬他成為本會生活科學活動及親子科學教室的設計規劃教授，對我們來說，實有如虎添翼，似鷹展翅的喜悅。年來，已為本會設計「愛因斯坦圖片展系列活動」，並創辦「親子科學教室」。

　　現在陳教授要將「科學遊戲創意教學」的豐富經驗與創見彙集出版，為中小學教師及關心子女教育的雙親提供一片發揮創造力的空間，開闢一條實施科學創意教學的途徑，這是我們所樂意看到的未來。前教育部曾志朗部長甫就任時曾對記者說「國民中

小學九年一貫課程」所有的改變都只是為了一個「創意教學」，相信，陳教授的這本書將對今後的中小學教師提供極大的指引與幫助。

　　「現代人，就該是個科學人！」（科學人雜誌發刊詞），的確，現代人應該人人具備科學知識、方法、態度與精神，因為生活中處處是科學，事事是科學，幫助人人具有科學素養，是透過科學遊戲創意教學最容易獲得的，讓我們拭目以待吧！

前北一女校長
現任遠哲科學教育基金會執行長

鄭美俐　　2003.1.30.

自 序

- 人類基因成分，高達 98%和猩猩是相同的，而今兩者發展成如此不同的境界，其間的關鍵即在「創造力」（Csikszentmihalyi, 1996）；

- 當今知識經濟激烈競合的時代，美國史丹福大學校長漢尼斯（2002）懇切地指出，「研發創新」乃世界經濟成長的主要動力；

- 七十年來數學界出類拔萃的頂尖人才，獲頒有若數學領域諾貝爾獎的 Fields Medal 殊榮。然而擁有數億人口之眾的中國，獲得這個獎項的卻只有一人是出自於這個東方大國。長期青年學子受制於偏重機械性記憶的考試，學術圈流失於重量不重質的淺碟文化，以及一般人迷惑於學歷與學力的形式主義等，都是創造力不易突破的原因（Schafer, 2002）；

- 西元二○○二年十二月第一次全國科學教育會議，與會學者憂心指出，中小學科學教育已從領先美國變成落後美國一到兩年。過度重視學科知識的教學，以及評量過度重視精熟，忽略好奇心和創造力評量，乃科學教育的重大隱憂之一（中國時報，2002.12）；

- 教育部體認到創造力對個人的成長以及國家的發展，均具有樞紐性的作用，去（2002）年發表「創造力教育白皮書」，設定打造「創造力國度」的願景，全面推展創造力的培育活動。

當全球凝聚焦點，社會各階層同時對「創造力」寄予深厚期望的眼光。從生活上有趣的科學遊戲切入，配合九年一貫自然與生活科技領域課程的實施，提供一片發揮創造力的空間，一條實施科學創意教學的途徑，以及一個提升創意科學師資的園地，是撰寫這一本書的主要目的。

本書包括「教育理念篇」和「教學實務篇」兩部分，促使理論有豐盛的實務發揮，實務有堅實的理念基礎，相輔相成，相得益彰。教育理念篇計分三章，第一章「為創造力加分」，對於創造力的界定、影響創造力的相關因素，以及提升創造力的具體方法，做一番分析和敘述；透過有趣的科學遊戲，舖陳一個豐盛創意的加分天地。第二章「科學與科學教育」，闡述人與自然唇齒相依的密切關係，詮釋科學以及學習者的本質，探索科學教育的發展趨勢，展望一個豐盛喜悅的科學教學。第三章「科學遊戲與創意教學」，則描繪科學遊戲教學的活動軸線，規劃操作發現、激勵創意的具體途徑，並且勾勒在教學活動中為人師者的角色，兼具享受創意的快樂，以及提升創意學習的成效。多年來，我們推動創意教學種子教師培訓、生活科學遊戲營隊，與親子科學創意之旅等各項活動，深深體會到孩子的創意是如此豐富、有潛力，創意的教學是如此豐盛、有歡喜。採用生活周遭器材做為活動題材，我們選列了十個科學遊戲的主題單元，彙編成「教學實務篇」，供作分享創意教學實施的具體示例。關於讀者朋友自行設計活動方面，我們也做了具體建議，以利創意教學的推廣與發展。

「一言九鼎，一語定江山」，師長的一句話，往往對孩子具有關鍵性的作用，甚至影響其一生。書末的「附錄」彙編了「師長的一句話」，積極方面，可促進孩童創造力的發展；消極方面，則避免對創造力的斲喪，以收創造力培育與發揮之功。

「教育就是生活，生活就是教育」，以落實其教育的啓迪理念，提升其生活的豐富品質；「教學就是遊戲，遊戲就是教學」，以鮮活其創意教學的功能，豐盛其科學遊戲的內容。我們深信，快樂的、有創意的、與人為善的「致盛鮮師」，是優秀教師的本色，也是科學遊戲創意教學者的特質。在科學遊戲創意教學多采多姿的世界，期盼您的參與、指正，需要您的投入、開發。

　　在字裡行間，可以嗅到許許多多奉獻科學教育、致力創意遊戲友好伙伴的寶貴意見；活動圖片方面，吾兒陳則良的鼎力協助，於今成書之際，益加感銘在心。本書承蒙國立台北師範學院校長張玉成博士與遠哲科學教育基金會執行長鄭美俐校長為序勉勵，并此敬申謝忱。

陳忠照　謹識

2003 年元月

目　次

A. 教育理念篇

B. 教學實務篇

附錄

圖　次

－Ａ－

教育理念篇

【第一章】

為創造力加分

每一個人都有過孩提時光，每一個人都走過童年歲月：不論是物質條件貧乏的時代，或是生活環境富裕的社會，透過科學遊戲，師生親子都可以共同營造豐盛、美好的時機，為創造力加分，以增進孩子「能」的才華，樹立「肯」的態度，以及培育「美」的心靈。

那麼，創造力是什麼？創新和創意是有距離的，創造力本身就具有省思性。創造力是創新的，而非創傷的：是造福的，而非造禍的：是張力、助力，而非搞怪力、阻力。

影響一個人創造力的因素是多重且交互的，先天的智慧、累積的知識、人格的特質、思考的風格、環境的條件，以及動機的強弱等，在在會反應在創造力上。當我們設法為創造力加分時，這些變因的調整、激勵，都是吾人努力的方向。

教學是一種藝術，其本身就充滿創造性：引導擴散思考，探索變因項目，整合現有資訊，延伸生活運用，或鼓勵團隊合作、分享經驗等，都是增益創造力的教學途徑。

第一節

遊戲，一個豐盛的創意園地！

四〇年代，曾是一個泥巴、竹片的孩提時代，孩子們穿著的是「中美合作」字樣麵粉袋裁製的褲子，蹲著的、坐著的，圍在曬稻子的埕地一角，低頭捏著黏黏稠稠的泥巴，誰也沒注意臉上沾有泥土的鼻涕，誰也沒在意身上一片一片烏漆摵黑的灰土，只是專注在自己手上捏出來的小鳥、土狗造形，偶爾也瞟一眼身旁伙伴手上樹葉、花朵的泥塑。突然，小元舉起手中碗狀的泥巴，翻掌向下，迅速朝地面一摔，

圖 A01 ▶ ▷ 泥巴響炮

「碰！」說時遲那時快，泥巴中央已爆裂出一個大花口，「泥巴響炮」穩穩地盤踞在地面上，大夥兒應聲歡叫起來！來比比看，看誰做的「泥巴響炮」聲響最大？開的花口最大？在稻埕院子的另一邊，是較空曠的地方，早有四、五位小朋友，人人手捻著一支竹蜻蜓，雙手用力一搓，竹蜻蜓翩翩而飛，此起彼落。咦？怎

麼良仔的竹蜻蜓飛得比較高？比較久？「良仔卡會轉啦！」「不是啦！是他的竹蜻蜓做的卡好啦！」「……」，又是一陣爭吵，一陣思考，在泥巴、竹片的孩提時代裡：

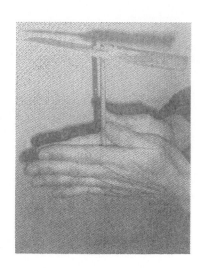

圖 A02▶▷竹蜻蜓

- ⊃「香腳」製作的「竹簾」：傳統燒香所留下的「香腳」小竹枝，編製成一片一片的玩具竹簾。由線形的竹枝編織成片狀的竹簾，是創意的思考，也是有趣的遊戲。

- ⊃酒瓶蓋製作的童玩旋轉盤：用鐵鎚把金屬酒瓶蓋捶打成一個平面小圓盤，在圓盤中央打兩個小洞，穿上綿繩並打個結，就是一個虎虎生風的鬆緊旋轉盤了。

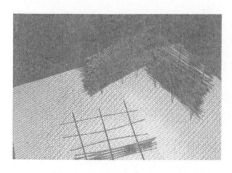

圖 A03▶▷香腳竹簾

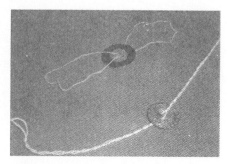

圖 A04▶▷瓶蓋旋轉童玩

雖然是在物質條件貧乏的世代，孩子們的遊戲仍然充滿著科學創意的豐盛機會！

　　如今，是一個保特瓶、易開罐的童年時代，孩子的衣著是亮麗、光鮮的！喝過的保特瓶、易開罐，就是隨手丟棄嗎？不！不！許許多多孩子知道資源回收，會清理、再利用；也有人試著玩科學遊戲：

圖 A05▶▷隔空運氣

⊃「隔空運氣」：把瓶蓋倒放在保特瓶瓶口上，以不碰到瓶子為原則，雙手合圍在瓶身四周，看！瓶蓋應聲跳起來！為什麼呢？

⊃「神掌氣功」：張開手掌，掌心朝下按著桌上的易開罐罐子，當你的手抬起來的時候，桌上的易開罐也同時被吸起來嗎？這是什麼力量呢？

圖 A06▶▷神掌氣功

你可曾利用吸管製作一支可以控制音律高低的笛子？或是在紙杯底穿一條棉線，並以小牙籤固定在杯子上；用手指甲掐著棉線順勢向下拉拉看，是不是成為一個有趣的單絃琴呢？在生活條件富裕的社會，孩童的遊戲，不也是充滿科學創意的豐美世界嗎？

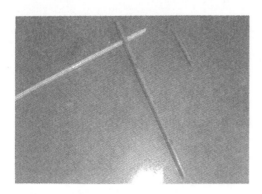

圖 A07▶▷吸管笛子

圖 A08▶▷單絃琴

　　在知識爆發的時代、知識經濟的社會，創造力是孩子生活成長的指標，也是未來發展的關鍵。如何提供培養創造力的豐富美好時機，乃科學教育工作者關注的課題。老子第十七章：「太上，下知，有之。其次，親之；其次，譽之。其次，畏之；其次，侮之……」。「下」者天下、當下的下，「下知，有之」，指大家各順其本性，各得其正命，致力於塑造美好的心靈，充實豐富的人生；具有格物明理、行止崇禮的知能，又有強烈的內在動機追求卓越，「下知，有之」當然是教育的上上策。其次者，是對之

示好，予以嘉獎、給與鼓勵。最下策，就是威嚇他、羞辱他，在逼迫之下進行學習。兒童是天真、好奇的，科學是理性、包容的，遊戲是歡樂、活潑的。順著學童的本性，循著萬物的本質，透過科學遊戲的實施，師生、親子，可以共同營造豐盛、美好的園地，為創造力加分：

➲增進孩子「能」的才華；

➲樹立孩子「肯」的態度；

➲培育孩子「美」的心靈。

創造力是什麼？

在這個得天獨厚的星球上，漫漫悠悠歲月，孕育著千千萬萬生命物種的演化，自簡單的單細胞生物至錯綜複雜的生命體，簡繁並存、萬物繽紛。大自然界中，人類的自我定位，由自視是予取予奪的主宰地位，漸漸朝著物我並生、共存共榮生態網階的方向移位；這種轉變，是人類良知的覺醒，革新的覺醒，也是創意的覺醒。人類基因的成分，有98％和我們的近親猩猩是相同的，若不是創造力，人類之異於猿猴者幾希（Csikszentmihalyi, 1996）？李遠哲更具體指出，人類和猿猴最大的差別就是創造力，人類憑著創造力不斷累積了各種發明，而有了文明（小野，2000）。

西元一九五○年季爾福（Guilford）就任美國心理學會主席，發表以創造力（creativity）為題的演說，激發學術界對創造力的矚目與研究（Mayer, 1999; Sternberg & Dess, 2001）。影響所及，創造力不但成為個人優質特色的表徵，也成為各行各業推崇的焦點。二○○二年教育部發表「創造力教育白皮書」，即以打造「創造力國度」（Republic of Creativity）為願景，致力於培植創意學子、創意教師，營造創意學校、創意生活，充實創意智庫、創意學養等教育工作。美國資訊與電訊工程權威、史丹福大學校長漢

尼斯二○○二年十月應邀到台灣參加創新前瞻科技論壇，以「研發創新是經濟成長的主要動力」（Research and Innovation：Keys to Economic Growth）為題演講，明白指出大學校園持續不斷的研發工作，已是推動世界創新的主要來源（中國時報，2002）。創造力固然備受重視，而創造力或創意到底意味著什麼，自是常常縈繞在有識之士的心頭。

我們先來看看幾個場景。在一所擁有一百多年歷史的師資培育院校，一個上午，第一節上課鈴聲響起，學生宿舍一間六人住宿的寢室，最後一位落單的學生匆忙跨出門口準備趕去上課，順手把門關上，才發現忘了帶一本書，卻沒帶鑰匙；情急之下，把門踹破拿書。他做了別人沒有做過的事，叫做創意嗎？當久旱不雨，整個社會困於水荒，並大力倡行節約用水之際，有人拍攝利用消防設備用水沖洗秀髮的鏡頭，大做影視廣告。他做了一般人認為不宜而避開的事，猶有人讚詡以創意傑作，果然如是嗎？再看看另一個畫面，在雙黃線的兩線道上，一邊車道是擁塞車陣，寸步難行，而另一反向車道，則是空空蕩蕩，一時未見任何車子。如果陷在車陣的人，「靈機一動」來個側轉脫離車隊，「瀟灑地」逆向行駛，這是創意？還是莽撞？與眾不同的新意，若沒有一絲省思，就稱之為創意，適當嗎？

辭海對「創造力」下了定義：「個人能特出新意，造作一事一物之力量也。」（辭海，1962）。美國辭典（The American Heritage Dictionary, 1982）對創造力界定為創意的（creative）、產能的（productive）、富有想像力的（imaginative）、原創性

（originality）的能力。鍾聖校（1990）闡述說：「創造是一種以不尋常的、獨特的想像力或眼光，有意向地將累積的知識和經驗，整體的大量反應，並以優異的技術，使創作品具有品質的活動。」而創造力即是使創造活動出現的能力。

　　創造力應具備什麼內涵？各家見解，本身就頗具創意。梅耶（Mayer, 1999）認為創造力應具有兩個主要特徵：

一、新穎性（newness）或原創性（originality）；
二、適當性（appropriateness）或有用性（usefulness）。

　　「新穎性」創造學派則認為創造形成原則只有一個：「新穎性」，也就是「第一性」或「非重複性」。它的目的乃使一般人產生創造行為，所以又稱為「行為創造學」（莊壽強，2002）。史坦伯格等人（Sternberg & Lubart, 1995; Amabile, 1996; Csikszentmihalyi, 2000）認為「新穎」（novel）、「價值」（value）或「適當」（appropriate）可做為判斷創造力的標準。史坦伯格（Sternberg, 1996, 2001）和辛克任邁哈伊（Csikszentmihalyi, 2000）後來分別又加入「高品質」（high quality）以及「實現」（implemented）兩個判斷的準據。筆者曾就「新穎」、「價值」、「適當」、「高品質」，以及「實現」五項創造力的向度，進行一項問卷調查。結果顯示，一〇八位中小學教師、五十一位具有大專學歷以上的中小學學生家長，以及六十三位師範學院自然科學教育學系學生一致認為「新穎」是最重要者，其選答百分率分別是 52.3%、39.2%，以及 61.9%。第二重要者，在職教師

和師院學生均選「價值」，選答百分率分別為 21.3% 與 14.3%；家長的選項則是「實現」（21.6%），可見「創意」的價值性與實現性，是受到相當的重視。有趣的是「高品質」一項，三者的選答百分率分別是 0%、3.9%、4.8%，均敬陪末座。

羅德斯（Rhodes, 1961）分析四十多個有關創造力的定義，歸納為 4P〔product（結果）、process（過程）、person（人才），以及 press（壓力情境）〕的界定面向，供思考的參考。單強調「新穎」就好的創造力，容易衍生正面與負面效益的糾結，精緻與粗糙品質的爭議。遂有多元性價值的創造力、多層性品質的創造力，或是可行性高低各異的創造力等不同的看法。我們認為創造力是具有省思性的，除了新穎之外，創造力的內涵是有品質的、有價值的，也具有可行性的。省思性的創造力涵蓋下列三層意義：

一、創造力可能會有創痛，但應是創新，而非創傷；

二、創造力不論是「造反」或是「造勢」，猶是造福，而非造禍；

三、創造力可能出現搞怪力或是張力，然而，形成的是助力，而非阻力。

從心智能力的層面來看，「創造力」係指創意實現的驅動能力，「創意」乃屬起心動念的創造意識。以心智活動的整體性而言，「創造力」和「創意」是一體兩面，一般習慣用語是不嚴格區分的；本書用詞兼採兩者通用之。聰明的朋友，無妨您也來為「創造力」界定一個具有創造性的定義吧！

第三節

哪些因素會影響創造力？

　　一個人的創造力受到哪些因素影響呢？多樣因素交互影響之匯合取向的研究，紛紛出籠。西門頓（Simonton, 1984）歷史計量取向，認為創造力的產生是個人、家庭環境、社會，以及歷史事件交互匯合而成。辛克任邁哈伊（Csikszentmihalyi, 1988, 1996, 2000）的系統理論取向指出，individual（個人基因、背景）、field（學門、社會行業），以及domain（領域、文化）三者會交叉影響創造力。亞麻貝爾（Amabile, 1996）的社會心理學取向則認為，創造力是工作動機、領域相關技能，以及創造相關技能的匯合，而環境因素可能阻礙，也可能促進創造力的發展。史坦伯格等人（Sternberg & Lubart, 1999）的投資理論，則分析闡述創造力是六種個別又互相牽連的因素所匯合，即智慧、知識、人格特質、思考風格、環境，以及動機。在我們的傳統文化與生活概念中，也有許多和這六項因素不謀而合的地方，列舉數端於后，以供參照比較：

一、**智慧**：「天縱英明」，「知者創物，巧者述之」。

二、**知識**：「讀書破萬卷，下筆如有神」，「熟能生巧」。

三、**人格特質**：「鼓舞群倫」，「當仁不讓」。

四、思考風格：「舉一反三」，「洞燭先機」。

五、環境：「地靈人傑」，「風雲際會」。

六、動機：「捨我其誰」的內在動機，或「重賞之下必有勇夫」的外在動機等。

細細推敲，這些因素常是交互作用的，例如「窮則變，變則通」，有環境、知識、思考風格等因素在內。「共襄盛舉，共體時艱」，或是「情隨境遷，境隨心轉」等情事，都可以看到環境、人格特質、動機等因素的色彩。

我們在一項問卷調查中，發現一○八位中小學教師和六十三位師範學院自然科學教育學系學生均列「思考風格」為影響創造力的第一因素（29.2%、52.5%），五十一位中小學學生家長則列「動機」為首要影響因素（41.5%）。「人格特質」與「環境」均被列在首要三項因素之內。有一個共同現象，即「知識」一項分別以7.3%、4.9%以及7.5%收尾，豈非透露了一絲的警訊？

創造力是由多項因素交互匯合而成，乃無可置疑的。除了智慧乃先天秉賦的條件之外，我們可以從專業知識的增進，克服意志、適度冒險之人格特質的陶冶，立法性、多向性思考風格的養成，支持、鼓舞之環境的營造，以及內外動機的激發等各方面，以整體並進的方式來培養創造力。當然，在培養之際，樹立一個人強烈的社會責任感以及道德意識，也是非常重要的（施建農，2002）。

怎樣提升創造力？

創造力的提升，是大眾努力的目標，也是本節討論的要點。張武升（2002）提出三個基本理論與實踐的問題：

一、創造力開發與培育的腦生理規律；
二、創造力開發與培育的年齡規律；以及
三、創造力開發與培育的群體連鎖反應規律。

左右腦協同教學，尤其是右腦綜合能力的思維（鄭辰白譯，1986）更有助於創造力的開發。阿瑞斯特（Arasteh, 1976）就年齡成長提到創造力發展有四個關鍵期：

一、5～6 歲：學到必須接受權威，服從老師和父母所訂下的規則。這個階段，權威者愈嚴厲，創造力愈是不易發展。
二、8～10歲：被黨派接納為一份子的需求，在此時達到最高峰。多數的兒童認為愈符合黨派所規定的模式，則愈能被接受。
三、13～15歲：渴望同儕，尤其是異性的讚許，至為強烈。他們如同八至十歲的兒童一樣，順從於希望得到讚許與接受的人。
四、17～19歲：傾向尋求別人的接納與讚許，以及接受所選擇職前訓練等行為，都可能抑制創造力的發展。

德西（Decey, J. S., 1989）和許多學者認為，若能掌握顛峰期的心理狀態，提供教育或學習契機，就可能使創造力獲得開展的最大可能性。另一方面，孩子的創造力則直接與父母教養方式有關（張嘉芬、吳靜吉，1997）。課程、教學、教師、學校、家庭、社會等因素都會影響創造力（簡楚瑛等，2002）。

　　創造力的訓練方面，許多立說均深具創見。卡地那（Khatena, 1970, 1971, 1973）提出五種策略：改變現狀（breaking away）、轉換（transposition）、類推（analogy）、重組（restructuring），以及合成（synthesis）。毛連塭（1989）歸納有十項創造力訓練原則：

一、建立創造的氣氛：熱忱、安全、開放、獨立、擴散、幽默、
　　溫馨、支持，以及激勵等氣氛或情境；
二、重視人性層面，而非聖賢境界；
三、發展創造的途徑；
四、鼓勵多種感官的學習；
五、少藉權威，多倡導獨立學習，少做互相比較；
六、不要過度重視時間因素；
七、不要過度強調整齊；
八、減少結構的限制；
九、增強自我，提高自信；
十、強調社會讚許，而非社會壓力。

陳龍安（2002）就創造力訓練，也列出十項原則：

一、營造支持性的環境：支持性的環境是一種民主尊重、自由創意的情境，尤其是教師與學生、學生與學生之間尊重合作的氣氛。

二、以能力為本位，以知識為基礎：創造力是系統化的認知歷程，有深厚的知識基礎，創造力才能落實，才能發揮；思而不學則殆，不可不慎。

三、計畫要具體可行，活動需簡單有趣：可行、有趣，自然會吸引學童的參與；包容、尊重，孩子的創造力容易受到鼓舞、發展。

四、思考技巧培育，自然融合課程：一方面可以從思考技巧的訓練，培養創造思考的策略以及解決問題的能力，一方面把「創造思考」融入各個學習領域，增進各領域創造力的發揮。

五、擴散與聚斂思考需兼顧並重：擴散性及聚斂性思維並重，創造性與批判性思維並存，以開發學生的潛能。

六、以真實生活問題做為課程設計之本：透過學生生活主題的學習，提升解決問題的知能，活化創造思考的技巧。

七、發展創意師生團隊，互助合作學習：一個人除了能夠發掘自己的優點，發揮個人長處，也要能相互欣賞、彼此貢獻，產生異質交流的創意表現（吳靜吉，2002）。

八、重視全方位學習，以及多元智慧發展：考量個別差異以及適性發展，配合多元智慧的特色，從家庭、學校，以及社會，

提供全方位的機會，發展多元的創意潛能。

九、改進評估方法，鼓勵多元創意方式：從紙筆測驗，轉變為動態的、真實的非紙筆測驗；由單一的轉變成多樣的評量；由總結性的擴充成多次的形成性評估。

十、具備前瞻開創性，兼顧創意倫理：創造力固然強調新穎的導向，但也要兼顧創意的倫理。所有創意行為，也要懂得對自己言行負責，對社會要有責任感。

　　日本學者國藤進（2002）則扼要臚列四個知識創造方法：分散思考過程、集中思考過程、觀念具體化過程，以及觀念驗證過程。吳靜吉（2002）就創造力的培育，提出十二項方法與策略：

一、積極建立創造力的價值與態度；

二、形塑創造的生活風格；

三、以多元智慧為架構培育創造力；

四、採取匯合取向或科際整合取向來培育創造力；

五、陶融創意文化；

六、妥善選擇創意守門人（學門或行業）；

七、包容、尊重與支持多元團體以及個別差異；

八、強調創意歷程與樂在其中的體驗；

九、將創造力融入各科教學與課程統整；

十、創造力相關技巧以及特定領域創造技巧兩者並重；

十一、同時重視多元與真實、個別與團體、歷程與產品的評量；

十二、採取上行下效，而非掌控管教的策略。

在負面方向的探討，吳靜吉（2002）列出十一項阻礙創造力的因素，吾人當妥善處理：

一、過分強調智商，忽略了創造力；

二、重視外在動機，忽略了內在動機；

三、強調知識來自權威傳授，忽略意義的主動建構；

四、強調競爭表現、單打獨鬥，忽略團隊合作、知識分享；

五、強調考試結果，忽略學習過程；

六、重視紙筆測驗、記憶、背誦，忽略真實評量、多元表現；

七、支持乖男巧女、標準答案，排斥好奇求變、獨立思考；

八、重視創造知識的傳授，忽略創造歷程的體驗；

九、強調努力、認真，忽略樂在其中；

十、重視言教要求，忽略潛移默化；

十一、重視學科本位，忽略課程整合。

筆者在一項有關創意教學的問卷調查中發現，四十八位現職中小學教師認為最有益於學童創造力的教學策略有三項，依次為：**引導擴散思考，鼓勵發現問題、澄清問題**，以及**應用在日常生活**，與三十九位師範院校自然科學教育學系學生看法相吻合。另外二十八位中小學學生家長的看法，認為最重要的三項是**鼓勵發現問題、澄清問題，引導擴散思考**，以及**探索可以改變的變因項目**，觀點也相當接近。至於阻礙創造力發展的教學方式，教師、家長和師院學生三者均認為**過度要求標準答案**為最，其選答百分率分別為 36.0%、36.0%以及 52.2%。其他選項分別被列在前三名的有

偏重記憶性知識的教學，過度要求統一的步驟，偏重懲罰、缺乏鼓勵，以及教學進度的壓力、教學時間不足等。

　　教學誠為一種藝術，運用之妙，在乎一心。以下歸納有益創造力發展的教學途徑，做為實施創意教學的借鏡。

一、引導擴散思考；

二、鼓勵發現問題，澄清問題；

三、應用在日常生活；

四、探索可以改變的變因項目；

五、提供時間獨立思考；

六、有機會團隊合作，分享經驗；

七、善用比喻；

八、促使批判；

九、進一步整合現有資訊；

十、尊重多元、多樣思考。

　　相對的，容易阻礙創造力發展的教學方式或學習情境，則宜妥善處理或避免重蹈覆轍：

一、過度要求標準的答案；

二、過度要求統一的步驟；

三、偏重懲罰，缺乏鼓勵；

四、偏重記憶性知識的教學；

五、教學進度的壓力，教學時間不足；

六、同儕之間的揶揄或排斥；

七、偏重紙筆測驗評量；

八、太重視教室常規；

九、師長或家長過度重視學童學業分數高低；

十、班級人數太多時，不易「照顧」到每位孩童的創造思考。

　　在活動過程中，師長的一句話，常常具有關鍵性的作用。請想想看，哪句話有助於學童創造力的發展，而哪句話又可能造成阻力，自然也是為人師長、為人親長關注的問題（請參考附錄一、二）。說話之際，口氣的強弱、臉部的表情，甚至肢體的語言，在在都會影響話語的效果。有云「一言興邦，一言喪邦」、「一語興人，一語廢人」，言語力量可是驚人，談吐行止之際，不可不慎也！

參考
文獻

小野（2000）。美麗的圓──李遠哲的故事。遠哲科學教育基金
　　會。

中國時報（2002.12.21）。全國科學教育會議：學者提五大隱憂。

毛連塭（1989）。資優教育教學模式。台北市：心理出版社。

鄭辰白譯（1986），布雷克（Blakeslee, T. R.）著。右腦革命。台
　　北市：業強出版社。

何經倫（1966）。老子白話句解。台北市：華聯出版社。

吳靜吉（2002）。華人學生創造力的發掘與培育。應用心理研究，
　　第 15 期。

吳靜吉（2002）。創造力的研究取向之回顧與展望，刊於創造能
　　力課程開發國際學術研討會手冊。國立台北師範學院。

施建農（2002）。創新教育何為先──回應「華人創造力的發掘
　　與培育」。應用心理研究，第 15 期。

教育部（2002）。創造力教育白皮書：打造創造力國度。台北市：
　　作者。

陳龍安（2002）。創造力訓練課程設計與實施，刊於創造能力課
　　程開發國際學術研討會手冊。國立台北師範學院。

張武升（2002）。關於開發與培育學生創造力的問題。應用心理
　　研究，第 15 期。

張嘉芬、吳靜吉（1997）。國小高年級學生依附風格、創意教養環境與創意行為之關係。中國心理學會八十六年度年會發表之論文。台北市。

莊壽強（2002）。新穎性創造學派的形成，刊於創造能力課程開發國際學術研討會手冊。國立台北師範學院。

國藤進（2002）。知識創造方法學與創造支持系統，刊於創造能力課程開發國際研討會手冊。國立台北師範學院。

漢尼斯（2002）。研發創新是經濟成長的主要動力。中國時報，2002.10.31。

簡楚瑛、黃譯瑩、陳淑芬（2002）。幼兒教育創造力，刊於創造能力課程開發國際學術研討會手冊。國立台北師範學院。

鍾聖校（1990）。認知心理學。台北市：心理出版社。

辭海（1962）。台北市：台灣中華書局。

Amabile, T. M. (1996). *Creativity in Context.* CO: Westview Press.

Arasteh, A. R. & Arasteh, J. D. (1976). *Creativity in Human Development.* New York: Schenkman Publishing Company, Inc.

Csikszentmihalyi, M. (1988). Society, culture, person: A system view of creativity. In R. J. Sternberg (Ed.), *The Nature of Creativity* (325-339). Cambridge: Cambridge University Press.

Csikszentmihalyi, M. (1996). *Creativity.* N.Y.: Harper Collins.

Csikszentmihalyi, M. (1999). Implications of a system perspective for the study of creativity. In R. J. Sternberg (Ed.), *Handbook of Creativity.* Cambridge: Cambridge University Press.

Csikszentmihalyi, M. & Wolfe, R. (2000). New conceptions and re-
search approach to creativity: Implications of a systems perspec-
tive for creativity in education. In Heller, K. A., Monk, F. J., Ster-
nberg, R. J. and Subotnik, R. F. (Eds.) (2000). *International Hand-
book of Giftedness and Talent.* NY: Elsevvier.

Decey, J. S. (1989). Peak periods of creative growth across the lifespan.
The Journal of Creative Behavior, 23(4), 147-224.

Khatena, J. (1970). Training college adults to think creatively with
words. *Psychological Reports, 27*, 279-281.

Khatena, J. (1971). Teaching disadvantaged preschool children to think
creatively with pictures. *Journal of Educational Psychology, 62,*
384-386.

Khatena, J. (1973). Creative level and its effects on training college ad-
ults to think creatively with words. *Psychological Reports, 32,*
336.

Mayer, R. B. (1999). Fifty years of creativity research. In R. J. Sternberg
(Ed.), *Handbook of Creativity* (449-459). Cambridge: Cambridge
University Press.

Rhodes, M. (1961). An analysis of creativity. *Phi Delta Kappan, 42,*
305-310.

Schafer, S. (2002). Solving for creativity. *Newsweek,* Nov.4, 2002.

Simonton, D. K. (1984). *Genius, Creativity, & Leadership.* Cambridge,
Mass.: Harvard University Press.

Sternberg, R. J., & Lubart, T. I. (1995). *Defying the Crowd: Cultivating Creativity in a Culture of Conformity.* N.Y.: The Free Press.

Sternberg, R. J., & Lubart, T. I. (1999). The concept of creativity: Prospects and paradigm. In Sternberg, R. J. (Ed.). *Handbook of Creativity.* NY: Cambridge.

Sternberg, R. J. (1996). Investing in creativity: Many happy returns. *Educational Leadership.*

Sternberg, R. J., & Dess, N. K. (2001). Creativity for the new millennium. *American Psychologist, 56* (4), 332.

The American Heritage Dictionary (1982). Boston: Houghton Mifflin Company.

【第二章】

科學與科學教育

　　有史以來，人與大自然的關係，由敬天畏地，而人定勝天，而天人交惡，而物我並生。自古迄今即有兩大活動持續進行著——「科學活動」側重在「物質世界」的探究，建構客觀實證的科學觀；另一方面，「宗教活動」則側重在「心靈世界」的體驗，以期沉澱出虔敬正信的宗教觀。不論是形而上或形而下的活動，在在體認到人類是依賴天地萬物而生存發展的。

　　在科技蓬勃的現代社會，更不能誤會科學只是生硬的知識，或冷漠的器物。自然科學提供有系統的概念之外，它是一種解決問題的客觀方法，一種處理問題的宏觀態度，更是一種厚德載物的內省情操。那麼，學童是怎樣學習科學的？顯然，學習過程應該以兒童認知機構發展為基礎，提供適當的學習環境與條件，並分析教材，建立學習階層，循序而進；在全腦協同教學中，激勵創造力的發展以及人文精神的提升。

　　從一九五七年史潑尼克人造衛星發射以來，科學教育不斷隨著時代巨輪向前邁進，在演變的脈絡中，走向人性化的、全民的科學教育，實施整合的科學課程，回歸基礎教育，進行左右全腦學習，以及實踐物我共存共榮的環境倫理。有意義的科學教學過程，是跟著生活走，跟著孩子走，整個活動軸線策重在操作、思考、解題、創意，以及尊重等能力與態度的養成。

人與自然

　　人類自赤手胼足、茹毛飲血地掙扎於自然環境的原始生活，到今日遨遊太空的數位科技時代，漫漫的人類發展史，雖然生活型態、社會結構變化很大，但人類與自然之間的互動，則是無日無之。從「摸索」到「適應」環境之際，人們對無垠的大自然懷有強烈「敬天畏地」的情愫；由於生活慾望的提升，人類抱著「人定勝天」的壯志進行環境的「改善」，可是，由於恣意的開發與資源的濫用，公害衍生，導致對大自然的「衝擊」，甚至於引起「大地反撲」，形成「天人交惡」的慘局；幸好，人類理性的內省，以及責任的覺醒，人與自然的關係，乃邁入新的里程，透過環境觀念的「昇華」和人類行為的「調適」，迎接「物我並生」、「共存共榮」的新時代來臨。

　　天人之間的關係由敬天畏地，而人定勝天，而天人交惡，而天人合一，自古迄今即有兩大活動持續進行著──科學活動和宗教活動。二千多年前古希臘人視哲學、科學、宗教為一體，一直到文藝復興之後，採用實驗方式來研究大自然，科學才和哲學分道揚鑣。人類在探究自然事物的過程中，科學活動旨在了解萬物的組成、物質的性質及其變化，側重在「物質」的探究，遂建立了客觀實證的科學觀。宗教活動則在尋求闡釋世界形成的由來，

以及其「心靈」的經驗，側重在「靈性」的體驗，以期沉澱出虔敬正信的宗教觀。不論是形而下的或是形而上的活動，都體認到人類是依賴天地萬物而生存發展的，人類並非是唯我獨尊的萬物之靈。人類發自內省的尊重與維護，不正是吾人對待大自然應有的態度嗎？「天人合一，物我並生」，不應只是口號的虛應，而是實踐的準則。

我國素來以五倫來規範傳統社會的行為。隨著科技的進步，縮短空間的距離，增進人際往來的頻率，加深人際依存的程度，遂有第六倫來規範一般社會大眾「群己」的關係。邇來，肇因於經濟發展與環境保護的失衡，促成人類「良知」的覺醒，以及「環境責任觀」的抬頭，乃有第七倫——「物我」和諧關係的倡導。第七倫的環境倫理，日益受到重視，我國國民中小學自然科領域課程，其教育目標特別強調「促使學童了解人與周遭環境和諧共存的重要，並養成欣賞自然、愛護自然、保護環境的情操」，「培養愛護環境、珍惜資源及尊重生命的態度」就是一個明證。

環境倫理基本上就是「愛物」，俗云：「一草一木皆有生命，一沙一石都有感情。」有生命當須尊重；有感情，固應珍惜；因此，「愛物」所表現出來的行為，就是尊重與珍惜。犀牛、老虎固然要尊重，而小蟲、螻蟻也要尊重；青山、綠水要珍惜，沙礫、涓水也要珍惜；生命本無貴賤之別，資源更不應有巨細之分，它們和人一樣，都是大地的「兒女」，都有它特定的地位和價值。那麼，環境倫理的內涵又是什麼呢？這裡擬將其基本理念數則，臚列於后，藉供參考。

一、地球是有生命的，萬物都是地球生命體的一部分，彼此息息相關；人類不可狂妄自大地以「世界之尊」自居。

二、地球資源是有限的，「永續經營」是資源運用的評量準則；人類絕不應目光如豆地竭澤而漁。

三、不論是社會的、經濟的或文化的活動，「人類」不是唯一價值評斷的因素；必須尊重大地的環境權和萬物的生存權。

四、衡量社會文明與時代進步，「經濟發展」不是唯一的尺度，「環保生活」的實踐，才是主要的評鑑指標。

　　今天不論是五倫、六倫或是七倫，貴在「能知能行」，貴在「信願實踐」。在日常生活中，能體會「*simple is better, respect is best*」的涵意，能履行「愛物惜福、永續資源」的理念，庶可共創「物我並生」、「天人合一」的榮面。自然之於人，蓋是——

　　　　晴雨榮枯，俱見天意之美；

　　　　春夏秋冬，都是福田之幾。

科學與學習者的本質

　　教育是什麼？行為的改變或是適應力的提昇？知能的充實或是氣度的涵泳？杜威倡言「教育就是生活，生活就是教育」，誠是真知灼見；教育是豐富生活的推手，是美好心靈的雕塑藝術家。

課程乃教育實施的規劃，教育課程包括課程目標、教材內容、教學方法，以及教育評量等四項基本要目，四者之間彼此互動、相輔相成。那麼，我們要如何釐訂目標，如何選擇教材、教法，如何進行評量，顯然受到教育哲學理論的影響；哲學理論直接導引教育的方向，規範教學的實施（Tanner, 1975）。我們要了解科學教育，當然就須先了解科學課程的理論基礎──科學的本質，以及學習者與學習過程的本質了。

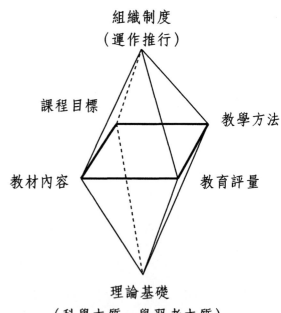

圖 A09 ▶ ▷ 課程發展關係圖

科學的本質

對於「科學」的界定，直接影響教材內容和教學方法的選擇。「科學」的內涵由靜態的知識法則，擴充到動態的探究過程；由追求對於自然事物的了解，躍昇到樹立對於自然環境的責任態度；因此科學教育的教材及教法也不斷地更新。美國哥倫比亞大學科學教育家菲茲帕崔克（F. Fitzpatrick）等為美國政府擬訂科學人力計畫時，對科學下了一個普遍為當代科學教育者所接受的定義：「科學為一累積的與無休止的實驗現象，導致概念與學說的形成，而概念與學說可為進一步的實驗觀察結果予以修訂。科學是知識的實體和獲得與精煉此知識的過程。」（楊冠政，1978）

尼爾遜和羅比爾（Nelson & Lorbeer, 1984）對科學的內涵也下了相當豐富的定義：

㈠科學是從事生物與其環境的研究。

㈡科學是解決問題的一種方法，例如：

　　➲假設的建立。

　　➲利用資源及可行的技能做研究。

　　➲根據證據做結論。

㈢科學是以事實為基礎之待人處世的態度。

㈣科學是一種藝術，使人產生內在的滿足。

㈤科學是一種實用的學科。

過去，學童所學習的一向偏重在學習科學的知識──「科學的成果」；現在，學生們進而也學習在活動中所選用的技巧、方法以及態度，這些科學方法、科學態度、科學活動等稱之為「科學過程」。兼具「科學成果」與「科學過程」雙重性（Stollberg, 1978）的科學本質，直接反映在我國科學教育的目標是正確態度的建立、知識概念的培養以及技能方法的訓練。

　　一九六二年卡遜（Carson）發表《寂靜的春天》（*Silent Spring*）一書，指出化學藥劑的濫用、自然環境的戕害，導致人類以及整個生態面臨最大的生存危機。邇來，人類逐漸從大地反撲中覺醒，萬物唇齒相依的「地球太空船」理念乃應運而起。科學的真諦不能只侷限在科學概念和科學技能當中了，遂擴充到尊重生命、愛護自然的環境倫理（見圖 A10）；要言之，科學係對自然事物的探究、描述、解釋，以及關懷與尊重，亦即包括三個層面（陳忠照，1998）（圖 A10）：

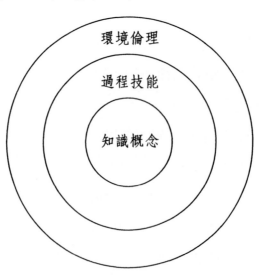

環境倫理

過程技能

知識概念

圖 A10 ▶ ▷ 科學本質示意圖

㈠描述或解釋自然事物：指物質科學、生命科學，以及地球科學等科學概念。

㈡探究大自然：指觀察、測量、實驗等科學過程技能。

㈢關懷與尊重大自然：在生活中，關懷生命、尊重萬物，實踐物我並生、天人共榮的環境倫理。

從事「科學活動」，須能藉以體會科學的本質，精練科學的技能，了解科學的概念，並實踐環境的倫理；才不至於誤蹈自大、偏執的「科學怪人」之歧途。宋尼爾（Sonnier, 1985）強調「教育的根本目標是促進一個人類安和樂利的自然環境」，可謂是有恢宏的視野和前瞻的眼光。一個具有科學素養的人，不但格物明理、行止有禮，而且可以讓人感受到一份謙沖為懷、厚德載物的氣度與情操，彰顯科學的理性與溫馨，展現科學的責任與包容。

 ## 學習者與學習過程的本質

「科學應如何來教？」「學生是如何學習科學的？」這些問題導致許多不同的觀點。發展心理學派（the developmental psychologists）認為學習的過程，應該以兒童認知機構發展為基礎，皮亞傑（Jean Piaget）乃此派的重鎮；而行為學派（the behaviorists）的基本看法則為「只要提供適當的學習條件，幾乎可把學生培養成吾人所期望的任何模式」。蓋聶（Robert Gagné）即持此看法的著名心理學家。對於學童在學習過程所扮演的角色，發展

心理學派認為兒童是正在發展中的有機體，不能以「成人的縮影」來看待；行為學派則認為教育主要的是「外在的過程」（an external process），而學童是一種反應的機體（a response mechanism）。進一步來看，皮亞傑強調「過程」（processes），它可使學生有效地操作、摸索新的問題；蓋聶則強調「結果」（products），它可運用組織良好的教材來提高學習的效果。另一位傑出的心理學家布魯納（J. S. Bruner）所持的觀點，則介乎兩者之間（Copeland, 1984）。布魯納認為教學活動應該妥切而有效率地安排進行，因此教材不但要注意它的內容，而且要注意它的「組織結構」；一位從事教育工作者，應該隨時思考著：「要教些什麼？什麼時候教？如何去教？」（Bruner, 1973）。大體說來，皮亞傑重視「經由平衡化而學習」（learning by equilibration），國小學童的認知發展階段主要是屬具體操作期，國中學生屬於形式操作期，科學教材選擇和教學方法運用應考慮該階段的心理特徵和認知的限制。蓋聶重視「經由制約而學習」（learning by conditioning），因此，科學教育應先擬訂行為目標，並分析教材，然後建立「學習階層」（learning hierarchy）（圖 A11），學習須自下向上，先習得低層次的能力之後，再學習高一層次的能力，如此循序而進，此乃編序教學法的精神所在（林清山，1978）。布魯納則重視「經由發現而學習」（learning by discovery），基層科學教育不應該只是傳授一些片段的知識，應該把教材統整為一個「主題架構」（the subject structure）——學習事物的相關性；學生應學習科學的技巧和科學的態度；教學活動應以學生為中心，

教師的工作僅須要安排適當的學習情境，而學生則從具體事物的操作中去「發現」主題的架構。

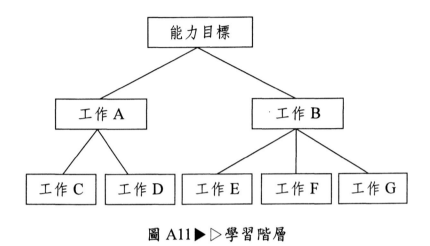

圖 A11 ▶▷學習階層

在這些心理學派的影響下，我國科學教育呈現的是以「學生為活動中心」、「活動過程為導向」的特質，也是兼顧「心智發展」與「學習階層」的課程。

近年來，對於人類腦科學的研究，不斷有突破性的進展。左腦具有抽象的、分析的能力，它有層層漸次累積的串行思惟傾向。右腦則司具體的、統整的功能，它運用橫向排列並行的思惟方法（鄭辰白譯，1986）。強調全腦教學，側重人文的、創造的、生態的、協同的合立式教育（holistic education）（Hassard, 1985），日受各方的重視與推崇。

科學教育的發展趨勢

　　教育課程規劃，反應出哲學理論思想。另一個角度看，教育課程也可以看出社會當前的需要，以及時代發展的方向。任何教育的革新、課程的實施，應該兼備延續性、實踐性，以及前瞻性。美國科學教育由一九六〇年代的學科導向課程（disciplinary orien-ted curriculum），而一九七〇年代的問題導向之科際與複科課程（problem oriented interdisciplinary and multidisciplinary curricu-lum），而一九八〇年代著重科學與科技發展對社會與環境之交互影響的課程（Hurd, 1986），可以看到美國科學教育改革的路線。近二、三十年來，「科學／科技／社會」課程（STS, science, technology, society）站上時代的潮流，可以看出科學教育發展的端倪。

　　我國中小學科學教育的沿革，由六〇年代側重在科學概念的學習，至七〇年代「發現式教學」抬頭，演變成兼顧科學概念、科學態度以及科學方法的學習，及至八〇年代，「創造性教學」漸受到重視（歐陽鍾仁，1987），九〇年代科學課程強調人與人、人與自然和諧平衡的重要性（一九九三年版國民小學課程標準）。及今，國民中小學九年一貫課程自然與生活科技領域的教育目標，揭示培養愛護環境、珍惜資源，以及尊重生命的態度（教育部，

2000）。在教育改革的途徑上，科學教育不斷隨著時代的巨輪向前邁進。

時光的腳步跨入了新的千禧年，二十一世紀科學教育發展的**趨勢**，可以概括如下：

一、人性化的科學教育——科學強調客觀理性，但並非是冷酷無情的，而是關懷溫馨的。透過科學活動，心靈更加豐美，生活更加豐愉，人性內層的善良、虔敬，得以成長、茁壯。

二、整合的科學課程——科學課程提供機會，協助學童了解人類的知識，就如同人類存在於交互影響的交互網一樣（黃萬居譯，2002）。跨科跨領域的科學課程乃以主題為核心，設計整合性的課程活動，進行教學。

三、全民的科學教育——在知識一日千里的現代社會，科學不是只為了培育少數的科學精英（Fensham, 1987），而是屬於全民的。科學教育應以培養全體國民科學素養為鵠的（Project 2061: Science for All Americans, 1989），促進社會理性的發展。

四、回歸基礎教育（back to basic）——數理教學時數應予加強，核心課程更受重視（王美芬、熊召弟，1995）。在基礎的生活教育上，重振灑掃應對、溫良恭讓的基本知能，培育待人接物、關懷負責的基本涵養。

五、左右全腦學習——運用左右腦不同的思惟特性，實施全腦協同教學，促使每位孩童適性發展，並激發其創造力的提升。

六、物我並生的環境倫理——我國素有悲天憫人、天人合一的思想；萬物生存權益，生態永續發展，物我共存共榮，均為科學教育重要的課題。

科學教育的發展趨勢有個扼要了解後，在您的心中，是否隨即產生一個疑問：「那麼，科學教學是怎樣來進行的呢？」這是我們接著要探討的問題。

四、五十年來，以探究教學為主導的科學教育，例如SAPA、SCIS、ESS 等美國發展的課程，對學童過程技能的學習、概念的形成，以及高層次的認知思考，諸如批判性思考、分析能力、解決問題能力，以及創造能力等均有所幫助（王美芬、熊召弟，1995）。許多學者專家也肯定探究學習優於全部直接依賴教師或課本的學習，它可更獨立地類化學習的經驗（Scott, 1970, 1973）。要了解科學教學，無妨先看一看「探究」（inquiry）的定義：

➲人類從尋求資料到了解資料的過程；

➲人類尋找問題、解決問題的過程；

➲為了探討自然而做的有系統之思考活動。

在觀察、討論，測量、紀錄，傳達、預測、推理、解釋、控制變因、操作實驗等探究活動中，學生成為學習活動的主體，由被動轉變成主動的角色，教學形態也由灌輸蛻化成啟發方式。科學教學乃可歸納七項特色：

一、學生為中心——學生是教學活動的主體，教師扮演觀察者、

輔導者，或是催化者的輔助配角。

二、活動為導向——整個教學以學生探究活動為主軸，從探索發現中，培養創造思考、解決問題的能力。

三、目標為基準——以單元目標、能力指標（教育部，2000）為教學活動之依歸。

四、教材生活化——從生活面、鄉土面做為取材的起點，使教材內容和生活環節相互呼應。

五、教具環境化——教具宜易取易得，盡量利用環境器物，並具環保的教育意義。

六、教法趣味化——教學固需教材「有料」，也需教法「有味」。營造快樂情境，採用生動教法，激發學習的動機與志趣。

七、教學個別化——智慧有多元，智商有高低。個別化教學，就是因材施教，適性發展，把每個孩子都「帶」起來。

有意義的科學教學活動過程，需跟著生活走，跟著孩子走，整個流程策重在**操作**、**思考**、**解題**、**創造**，以及**尊重**等知能與態度的養成。

參考文獻

王美芬、熊召弟（1995）。國民小學自然科教材教法。台北市：心理出版社。

鄭辰白譯（1986），布雷克（Blakeslee, T. R.）著。右腦革命。台北市：業強出版社。

林清山（1978）。小學科學教育的心理基礎，刊於國民小學自然科學研習教師手冊。

教育部（2000）。國民中小學九年一貫課程暫行綱要。台北市：作者。

教育部（1993）。國民小學課程標準。台北市：作者。

陳忠照（1989）。談我國中小學科學課程的特色，刊於國民教育，29 卷，11/12 期。國立台北師範學院。

陳忠照（1998）。親子 100 科學遊戲。台北市：心理出版社。

黃萬居譯（2002）。自然科學教育：K-9 以發現為基礎的教材教法。台北市：學富文化公司。

楊冠政（1978）。各國科學課程發展趨勢，轉述 Collette, T. A. (1973). Science Teaching in the Secondary School. 刊於國民小學自然科學研習教師手冊。

歐陽鍾仁（1987）。科學教育概論。國立編譯館。

Bruner, J. S. (1973). *The Process of Education.* Cambridge: Harvard

University Press.

Carson, R. (1962). *Silent Spring.* The New Yorker.

Copeland, R. W. (1984). *How Children Learning Mathematics* (4th ed.). New York: Mac Millo.

Fensham, P. J. (1986/1987). Science for all. *Educational Leadership.* p. 18-23.

Hassard, J. (1985). Holistic teaching. ed. in *Methods and Techniques of Holistic Education.* Springfield, Ill.: Charles C. Thomas Publisher.

Hurd, P. D. (1986). Perspective for the reform of science education. *Phi Delta Kappan.*

Nelson, L.W. & Lorbeer, G. C. (1984). *Science Activities for Elementary Children (8th ed.).* Dubuque: Wm. C. Brown.

Science — A Process Approach (SAPA, 1967). American Association for the Advancement of Science.

Science Curriculum Improvement Study (SCIS, 1968). Chicago: Rand McNally & Company.

Scott, N. C. (1970). Strategy of inquiry and styles of categorization: A three-year exploration study. *Journal of Research in Science Teaching,* vol. 7, 95-102.

Scott, N. C. (1973). Cognitive style and inquiry strategy: A five-year study, *Journal of Research in Science Teaching,* vol. 10, 323-330.

Sonnier, I. L. (Ed.)(1985). *Methods and Techniques of Holistic Education.* Springfield: Charles C. Thomas.

Stollberg, R.（1978）。科學教育哲學的發展和應用，刊於國民小學自然科學研習教師手冊。

Tanner, D., & Tanner, L. N. (1975). *Curriculum Development.* New York: Macmillan Publishing Co., Inc.

The Elementary Science Study (ESS, 1970). Education Development Center.

【第三章】

科學遊戲與創意教學

　　科學遊戲創意教學係把握創意引導、創意學習，以及創意生活的「3L」精神（Leading, Learning, and Living），循「情境關注」、「探索發現」，以及「創造省思」的活動軸線進行教學。在孩童自發性的科學活動中，增進孩子「發現」的喜悅和「創造」的思考，培養孩子對人對物的「尊重態度」。

　　「教育就是生活，生活就是教育」，深富啓迪的教育理念。我們認為「教學就是遊戲，遊戲就是教學」，蓋教學是多向的、喜悅的，遊戲是成長的、創意的；兩者具有交互增益的成效。

　　教師的角色，是輔導者、觀察者，也是諮詢者、催化者。在學習過程中，為人師者「多一份笑容，多一份掌聲，多一份關懷，和多一份溝通」，將不自覺地把科學遊戲帶「活」起來，帶「動」起來，邁進豐盛的創意教學園地，扮演一位「致盛鮮活」的老師了！

第一節

科學遊戲教學的活動軸線

　　喜歡遊戲乃是人的天性。科學遊戲是指利用周遭環境的生活素材，進行的科學性遊戲。論語述而篇，孔子倡言「志於道，據於德，依於仁，游於藝。」把游藝這項「游」，和志道、據德、依仁三者串聯融會在一起。正如「游於藝」豐富的內容，不同於一般玩耍嬉戲，科學遊戲具有四項特質：

一、趣味性──能玩得快樂，玩得自在，是充滿喜悅的時光。

二、規律性──遊戲有遊戲規則，遵守規則來玩，也玩出一些規則；遊戲過程中，需是講道理、有禮貌的。

三、創造性──在歡樂的科學遊戲中，創意的成長容易伴隨而生，隨時湧現更新的看法、更有意義的創意方向。

四、分享性──大夥兒一起遊戲，同步探索。在團體互動中，心胸寬容、與人同樂，分享過程、分享結果。

　　適當的遊戲，可玩得怡然自在，玩得滿心歡喜，誠是老少咸宜。科學遊戲，具有遊戲喜悅的優點，更進一層，且含有科學的教育內涵。因此，從幼兒到小學，到中學青少年，都是適合實施科學遊戲創意教學的。

　　教學是一種審慎的決定和行動的歷程，使得學習成功的可能

性與確定性，比沒有教學時為高（Hunter, 1976）。洪榮昭等人（2002）指出，創意教學係以學生為主體，在有創造性的情境中，學生在教師的引導下，得以盡情發揮其思考力、想像力，以及潛能。從教學活動的整體來看，所謂創意教學是指引導有創意、學習有創意、生活有創意的全方位教學活動（creativity instructions in Leading, in Learning, and in Living）。創意教學活動是從兒童的好奇、天真出發，營造喜悅、溫馨、理性、尊重的情意態度，一路走出更寬廣的創意思考空間，孕育高超的解決問題能力，充分發揮內在潛能，以編織豐富、歡喜的生活（陳忠照，1998）。

談教學的實施就得先談活動設計了。所謂活動設計，有許多不同的看法。歐用生（1989、1990）認為，教學活動設計係教師精研教材，將教學過程和策略詳加構思後，所編成的教學內容，它是教師教學所依據的腳本。對於教學活動的推展流程，本文著力於活動軸線的說明。一般人把教學活動區分為準備活動、發展活動，以及綜合活動等三大步驟，類似於寫文章起承轉合的舖敘。從創意教學的角度來看，在引導（Leading）、學習（Learning）和生活（Living）等三個層面，都是可以展現「創意」的，其活動流程乃循著「情境關注」、「探索發現」，以及「創造省思」的軸線運作施行（圖 A12），每個步驟都有其訴求的重點，並注重步驟之間銜接配合，以發揮創意教學的教育成效。

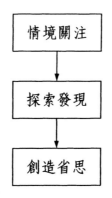

圖 A12 ▶▷科學遊戲創意教學活動軸線

一、情境關注

呈現一個「情境」，問問孩子：「你看到什麼？」「有什麼現象出現？」試著讓孩子從情境中找尋「問題」，由這個問題，師生共同討論可以玩些什麼、進行些什麼科學遊戲，藉以引發孩童的好奇和關注。

二、探索發現

在遊戲活動的「流程」中，不妨多給與鼓勵，探索有關器材的正確使用方法；適時提示如何愛惜器物，以及善後整理的事宜。

在觀察與操作活動中，隨時可提醒孩子說一說「看到什麼現象？」「結果為什麼是這樣呢？」讓兒童試著描述現象，「說明」

它的原理，以增進孩童的科學知能。

三、創造省思

討論一些相關的科學概念與知能，促使兒童探討「進一步」可以做些什麼科學活動，反省活動可能衍生的問題和解決方法，以及我們應有什麼正面的態度；藉以發展兒童創造省思、解決問題的能力。

整個科學遊戲的活動完全以兒童為主體，師長、父母扮演從旁協助的角色；在小朋友自發性的活動中，激發兒童產生「發現的喜悅」、「創造的思考」，以及對「自然事物的尊重」，乃是科學活動的主旨。在活動進行當中，師長或父母的一份關懷、一份鼓勵，都是熱絡遊戲氣氛與良好學習效果的最佳催化劑。

科學／遊戲／創意的教學實施

在上一節「科學遊戲教學的活動軸線」一文中，闡述科學遊戲創意教學的活動，需把握創意 3L（Leading, Learning, and Living）原則，運用「情境關注」、「探索發現」，以及「創造省思」三個步驟的活動軸線來進行。這三個步驟，從程序來看，是線性的順序；從內容來看，則是相互影響的交集關係（圖 A13）。而這三個圓交集的中心位置，代表貫穿整個教學活動的核心思想，也就是具關鍵性的教育理念，所謂「民者國之基，人者心之器」也。筆者認為核心思想的豐美內涵，宜由讀者朋友自己來做決定；當您有了明心、體悟的決定後，您會感受到教育確是有挑戰性且充實的志業，有意義且喜悅的淨地。

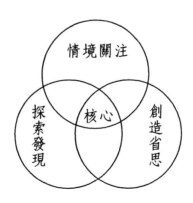

圖 A13 ▶▷創意教學活動步驟交集圖

本文將就活動軸線的每一個步驟，其實施的方法、把握的原則逐項加以探討，冀能促進創意教學的推展。

 一、情境關注

激起參與興趣，觸動學習動機，促使尋求問題之所在，或關注問題的方向，是教學活動的開端，也是「情境關注」這個階段的重點。營造情境、引起關注的方法相當多且富變化，例如展示一件東西、述說一個故事、報導一則新聞、擺一個動作、製造一聲音響，或忽然一陣沉默、提出一個問題、欣賞一段影片等等，都可以靈巧運用，以創造學習氣氛。經營「情境關注」有下列六個原則：

(一)**新奇**──通常，當兩隻手分別拿著一本書以及一張和書同樣大小的紙，平舉一樣高，然後手放開，書總是先落地吧！如果把紙張放在書本上，雙手平舉再讓它們自由落下，書和紙並不是如一般想像的分開，而是同時一起著地。新奇的現象，容易帶出好奇的心靈。

圖 A14▶▷自由落體

㈡**變化**——倒一杯汽水，再把二、三顆葡萄放入杯中，看著葡萄在氣泡中起舞，浮浮沉沉，變化莫測，怎麼會這樣呢？

圖 A15▶▷葡萄月光杯

㈢**疑惑**——針一刺，氣球準會破的。如果你拿一支長針，刺穿整個氣球，而氣球卻依然不破，孩子的腦中興起的疑惑，自然地帶入學習情境。

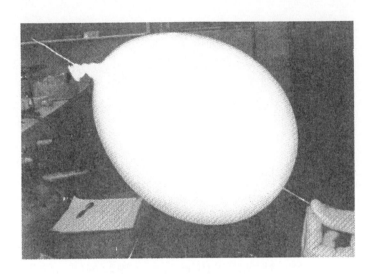

圖 A16▶▷刺不破的氣球

㈣**時尚**——當代現時發生的事，容易聚集大家的關注。台灣市面上一度偽鈔橫行，頗令人傷腦筋；如何辨識鈔票真偽，成為熱門的問題，觸發學習的興趣。

㈤**簡易**——簡易包括兩層意義，一是指操作容易，效果又好；一是器材簡單，容易取得。例如「一指神功」的遊戲，你只要一根手指頭，就可以使端坐在椅子上的人，無法站起來。簡易不繁雜，常是開啟學習的方便之門。

㈥**實作**——「做做看！」製造機會讓學童親自參與、實際操作，直接體會個中樂趣，乃是一項激發內在動機的要素。

二、探索發現

探索發現是指學童從事摸索探究活動，進而發現事物的規律性或自然的法則之過程。這個階段，孩子不但可以培養許多探究科學的方法，而且可以體驗科學家從事研究的心路歷程。細心與耐心、活力與毅力、挫折與希望交織的火苗，點燃了生命瑰麗的火花。

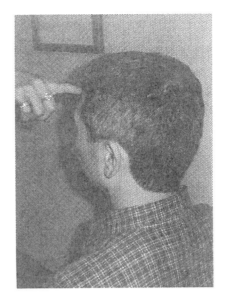

圖 A17▶ ▷一指神功

美國 SCIS 課程（Science Curriculum Improvement Study）提出的過程技能（process skills），在孩子探索發現活動中，就有很大的幫助。這十三種過程技能區分為基本方法（觀察、分類、應用時空關係、測量、運用數字、傳達、預測、推理等八項）以及統整方法（控制變因、解釋資料、形成假說、下操作型定義、實驗等五項）兩大部分，各項技能扼要說明如下表（陳忠照，1987）。

(一)觀察	觀察是一切科學活動的開端，我們可利用眼睛、耳朵或觸覺等對周遭的環境進行觀察；深入、有系統的觀察，常可得到很出色的結論；牛頓由觀察蘋果落地而導致萬有引力定律的發現，就是一個典型的例子。
(二)應用時間、空間的關係	計算時間的長短，一般都以鐘錶為主；事實上，日影、滴漏、單擺、線香等都可當做計時的工具。在運用空間的技巧上，隨著參考的基準點不同，物體位置與運動會呈現相對的關係。例如我們乘坐火車旅行，就乘車和下車的地方來說，雖然我們已由甲地移動到乙地，但是對火車而言，我們並沒有移動位置。
(三)分類	分類是整理資料的方法，可幫助我們辨認事物的相同點或相異點。我們可以利用事物的通性或特性做為分類的依據，所以，一組的事物，可能有好幾種分類的方式，而分類的標準愈明確，對資料的整理、分析愈有幫助。
(四)測量	測量體溫用溫度計，測量身高用量尺，稱藥品則用天平等，除了要選擇適當的工具從事測量工作之外，同時要有正確的測量方法和良好的個人習慣，以減少誤差的產生。
(五)運用數字	在測量的活動中，必須會運用數字；自然現象中有許多定量的性質，都可利用數字來表達。在運用數字的過程中，普遍運用了集合、對應、比例、平均數，和不準度等數學技能。
(六)傳達	傳達是資料流通、知識傳播的過程，它可利用口頭的、文字的，或影像等途徑來進行。它的傳達方式，可用語言敘述，可用數量表達，可用圖表描繪，也可用數學關係式加以傳達。
(七)預測	預測的活動是根據觀察和測量的資料，對未知的事物做預報，沒有根據的預報，只能算是臆測或亂猜而已。像氣象報告就是一種預測活動，它利用各個氣象觀測站的資料和衛星氣象圖來預報天氣。資料愈齊全，則預測的工作就愈有意義。
(八)推理	推理是依據個人的經驗對現象加以說明。如面對著一杯無色透明的液體，有的人推理為一杯自來水，有的人推理為一杯井水，可能有人推理為一杯酒精。而豐富、正確的經驗，可以幫助推理的運用。

（下頁續）

（續上頁）

(九)控制變因	變因是指影響事物的因素，例如影響植物成長的變因，有日光、水分、土壤、肥料等。固定每一個變因，然後操縱其中某一變因，就可以了解該變因對事物的影響狀況。
(十)解釋資料	解釋資料是整理、分析、綜合科學活動中所獲得的資料，並加以說明的過程。它包括座標曲線或圖表線條關係等的解釋能力。
(土)形成假說	假說是指總括同一類事物，或歸納出該類事物的規律性。在科學探討的活動中，我們常採用總括或歸納的方法，增加我們對類似事物的認識。
(圭)下操作型定義	「氧是無色無臭無味的氣體，並可以助燃」；「氧的原子序8，原子量16」。這兩句話都是針對「氧氣」下的定義，而前者的描述較容易被了解，因為它可以被觀察或操作，這就是「操作型定義」。所以操作型定義的運用，可使概念的說明更加具體、明白。
(圭)實驗	實驗是在人為控制的條件下所做的觀察或測量的活動，它包括所有的科學方法的運用。實驗能力的訓練包括設計實驗、使用器具，以及處理實驗結果的能力。

除了上列 SCIS 的十三種過程技能之外，培養孩童提問、討論、訪談、紀錄等能力，也都是常用的探索發現的方法。

探索發現的科學活動，著重在培養學童解決問題的能力。而該問題的解決，可能又產生另一道問題，而形成一個立體狀的螺旋循環，問題層次則不斷向上攀升，創意乃應運而生；個人的成長，社會的進步，亦相隨而行。

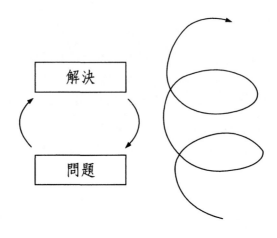

圖 A18 ▶ ▷ 問題 vs.解決之螺旋關係圖

三、創造省思

　　自然事物經過一番探討與發現之活動，對於活動主題的內容了解益深，進一步尋求更精緻、更豐美的發展，常常成為大家繼續努力的目標和活動的方向，這個階段，我們稱之為創造省思步驟。有創造缺省思，如同有進取心缺同理心，易流於躁進非為；有省思缺創造，如同有同理心缺進取心，易失於拘泥無力。因此，創造省思並列，猶易經所說的「窮則變，變則通」，獨變不足以自通；通或不通，端視「變者」能不能掌握「趨時盡利」的條件。科學遊戲活動，需有創造，也要有省思；有省思，也要有創造；兩者是協同並進，相輔而成的。

　　如何增進孩子的創造省思能力呢？可讓孩子有機會進一步思考下列的問題：

○改變一下變因，會有怎樣的後果？例如器材改變一下，或溫度改變一下，或地點改變一下，或……，又如何？

○有沒有別的方法？別的途徑？

○如果把這些數據或結果（資料）串連起來，會有新的意義嗎？

○這樣做，會引起別人的困擾嗎？

○這種情形會對環境造成衝擊嗎？

○現在看起來沒問題，將來仍然沒有問題嗎？

○進一步可以做什麼？

　　更妥善？更美好？更持久？或是更有趣？

○生活上，可以做什麼用途？

　　就許許多多增進創造省思能力的方式，可以歸納六個參考的途徑：

㈠變因改變——例如紙飛機翅膀，微微向上翻，或是向下折，飛起來，情形有什麼不同？

圖 A19▶▷紙飛機

㈡統整組合──讓紙張發聲的方法有很多：拍、彈、吹、揉、撕……等。可以讓孩子就聲音的特色、大小、高低，編一個故事，也可能就是一篇生動活潑的童話呢！

㈢反思突破──水上芭蕾的浮沉子遊戲，保特瓶中兩個浮沉子A與B。在你用手壓擠保特瓶，浮沉子下沉的順序如果是A，然後B；當你的手放鬆保特瓶，由於B的比重較小，所以浮沉子上升順序為先 B 後

圖 A20 ▶ ▷ 水上芭蕾

A。如果你要改變上升順序為先 A 後 B，就得反思如何改變 A、B 管排水的速度了！

㈣精緻取向──玻璃杯敲擊，會發出聲音。當杯子裝水，水位高低會影響振動的音律高低。仔細調整杯中水位，是否可以組合成一套悅耳的敲擊樂器？

㈤群己同理──做任何活動，要考慮別人的處境。在教室進行科學遊戲時，若有興奮喧叫的情形，應顧慮到隔壁班級的感受，避免干擾別人的作息，可也要大家一起動動腦了！

圖 A21 ▶ ▷ 杯組敲擊樂器

㈥物我同心——為了讓孩子探討水污染對生物的影響，在實驗
　　組的水缸中刻意加入清潔劑的污染，以觀察魚蝦在污水中的
　　掙扎，甚至死亡，強調污染的可怕。然而，莫忘魚蝦的生命，
　　如同其他大地萬物，都應該予以尊重。

　　杜威的「教育就是生活，生活就是教育。」讓我們體認到：
教育不是枯燥、無力的，而是溫馨、有意義的；生活不止是營利、
三餐的，而且是豐盛、有理念的。我們從活動角度看，認為「教
學就是遊戲，遊戲就是教學。」教學不是單向、死板的，而是多
向、喜悅的；遊戲不止是排遣、嬉戲的，而且是成長、創意的；
兩者的融合，可增益教學與遊戲的內涵與成效。

為人師的角色

　　當形容一位老師是「亦師亦友」，他或她必是有啟發、能尊重學生的好老師。當描述兩人之間「情同父子（母女）」，或「沒有代溝」，必是有關懷、易溝通的兩代關係。要能亦師亦友，能沒有代溝，「陪」是一個起點，「守著陽光守著孩子」是科學遊戲中，師長角色的基石。

　　科學遊戲是有趣又令人著迷的，用一根筷子把一杯米提起來的「一柱擎天」，用一根指頭使人無法動彈的「一指神功」，並沒什麼特異功能，而是自然界一事一物的現象必有道理，大家「看現象」，要「講道理、有禮貌」；對於看不見的屬性，避免胡猜的情緒化反應。進一步再看，我們可以掌握機翼的形態，隨我們的意思，讓紙飛機向上、向下或旋轉的「一飛沖天」；調整水位，組合一組玻璃杯打擊樂器的「一曲成名」；在探索、發現的活動過程，「展現創意、分享喜悅」。科學遊戲活動，常會迸發珍貴的生命火花：

格物明理
行止有禮
探索創意
包容歡喜

以孩子為活動中心的遊戲教學，進行科學之旅，體會自然之美的過程中，為人師長或為人親長的任務，很清楚地就可以勾勒出來是——

一、營造良好的學習氣氛；

二、養成孩子間良性的互動；

三、指示學習的方向；

四、適時的回響，有效的輔導。

　　教師的角色，不僅止於問題的回答者，更重要的是方向的激勵者，不論扮演的是催化者、**觀察者**，或是諮詢者、**輔導者**，總是致力於促使孩童主動地積極參與活動，把握方針、享受成長。教師在教育的道路上，不止是經師，而且是人師，「多一份笑容，多一份掌聲，多一份關懷，多一份溝通」，您將發現已經把科學遊戲帶「活」起來，帶「動」起來，邁上豐盛的創意教學途徑！

　　在多元價值發展、自我意識高漲的浪潮中，描繪著充滿希望的世代；教育工作者，也可能面臨更多的考驗和挑戰。為人師、為人親，倡導的是「一分耕耘，一分收穫」，「成果常是一點一滴累積的」，而社會卻是「樂透」了各個角落，瀰漫的是一夜致富、一夕成名的超速成理論。在課堂、在家庭，教誨的是「不宜胡言亂語」，「舉止宜有分際」，然而，打開電視，看到的是「全×亂講」、「我×野蠻」的節目，以及口水四濺的報導、靈異怪力的流言。當時尚傳頌著「只要我喜歡，有什麼不可以！」高唱著「愛拼才會贏！」展現著一幅「雞同鴨講」的面貌，我們細看

這種社會風氣，看似充滿活力，卻缺乏堅強抗壓的毅力；看似充滿勇氣，卻缺乏持續成長的朝氣；看似充滿進取心，卻缺乏設身處地的同理心；看似充滿新意，卻缺乏建設性的創意。當娛樂搞笑和立身涵養的分野混淆，造勢取寵和處世治事的本末不清之際，可能使人迷惑，可能導致挫傷，這也正是百年大計的教育工作，發揮正本清源效能、培育尊重包容涵養的時候了。

　　教育，可以致力於美好心靈的塑造，致力於豐盛人生的充實，致力於安和樂利的社會實踐。在教育的行列，有許許多多快樂的、有創意的、與人為善的老師，在自己的工作崗位上默默地耕耘著，努力地奉獻著，我們稱之為「致盛鮮師」，謹此表達衷心的敬重與推崇之忱。

參考
文獻

洪榮昭、林雅玲、林展立（2002）。國中小創意教師教學策略與
　　成效之研究。刊於創造能力課程開發國際學術研討會手冊，
　　國立台北師範學院。

陳忠照（1987）。自然科學概論，刊於自然科學彩色辭典。台北
　　市：華視出版社。

陳忠照（1998）。親子100科學遊戲。台北市：心理出版社。

歐用生（1989）。國民小學社會科教學研究。台北市：師大書苑。

歐用生（1990）。價值澄清教學理論。刊於黃光雄主編：教學理
　　論。高雄市：復文圖書出版社。

Hunter, M. C. (1976). *Rx Improved Instruction.* El Segundo, Ca.: T.I.P.
　　Publications.

Schmidt, V. E. & Rockcastle, V. N. (1982). *Teaching Science with Every-
　　day Things.* N. Y.: McGraw-Hill, Inc.

-B-

教學實務篇

「主題單元」活動實施說明

　　「教學實務篇」係以生活周遭的器材，做為活動的主題，設計十個適合中小學學生的科學單元。每個單元分別就單元目標、使用器材，以及活動步驟三部分，逐一予以敘述說明。

一、**單元目標**：一個完善的教學活動，需兼顧認知、技能和情意三個層面的學習目標。我們強調「明理、有禮、創意、歡喜」的知能和態度的培養，當然，每個單元可依實施年段的高低與學生背景的差異，適度調整教學目標的階層和方向。

二、**使用器材**：利用身邊的生活器物做為探討科學的教具，是簡便且有趣的。器材數量以「組」為準備單位，蓋「分組活動」在自然科學教學中是廣泛被使用的，惟每組人數不宜太多，約在二至五人左右，讓所有孩子都有參與機會為原則。

三、**活動步驟**：活動依照「情境關注」、「探索發現」、「創造省思」三階段軸線進行。我們從下列四個向度互相對應闡述，以利活動的實施：

　㈠**活動流程**：條列活動要目，扼要敘述活動流程。

　㈡**關鍵動作及語言**：在該項活動要目進行時，教師引導或激發學生思考、操作的參照方式。

㈢**評量標準**：依據單元目標與該項活動要目的內涵，敘列評量學習的具體標準。

㈣**時間**：每個單元活動預定是三節課，每節約是四十至五十分鐘，我們以節次來標示時間，以供彈性調整。教學時間或增或減，概以教材的發展、學習的成效，做為斟酌取向。

科學遊戲創意教學乃以「學生為中心、活動為導向」的教學活動，教師的鼓勵、輔導、諮詢、催化，或根據活動內容設計學習單，供孩子探究紀錄，甚至靜下來傾聽孩子的看法，或定下來等待孩子的回應，都是重要的教學策略。各單元的部分器材若準備起來比較困難時，則該部分活動可列為示範演示，彈性運用。其他諸如操作的安全、環境的整潔，以及人際的禮貌等，也都是吾人關注的環節，與促進學童成長的機緣。

錢幣之旅

🌼 壹、單元目標

1. 體會重力加速度、慣性運動,以及物體重心等物理現象的樂趣。

2. 提升對於物體運動的觀察能力。

3. 培養節儉惜福、妥善用錢的良好習慣。

貳、使用器材

· 紙幣　1～2 張

· 硬幣　2～3 枚

· 撲克牌（或硬紙卡）　1～2 張

· 環保杯（或一般的杯子）　1 只

參、活動步驟

活動流程	關鍵動作／語言	評量標準	時間
I.情境關注 ◆哪一個快？ 　1.展示一枚硬幣。 　2.兩隻手分別各拿一枚硬幣及一張紙鈔。 　3.換成一本書和大小相若的一張紙。	・「這枚硬幣，可以做什麼用？」 ・平舉一樣高，問：「手放開會怎樣？」 ・平舉一樣高，問：「手放開，哪一個先落地？」「為什麼？」	・能說出：買東西、打電話、畫圓、拓印、儲蓄、捐獻……等。	

圖 B01-1　哪一個快？（紙張和書本分開平舉）

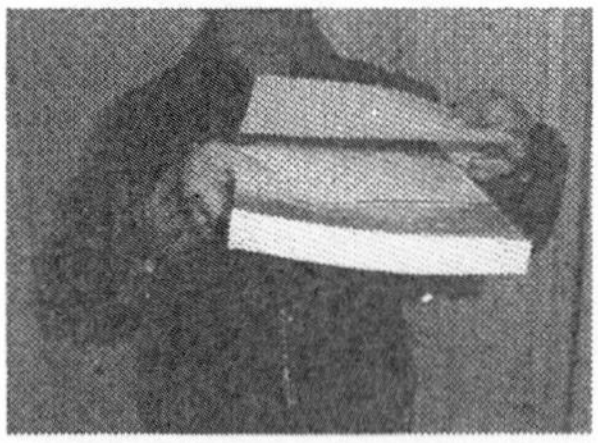 　4.把紙張平放在書本上。	・雙手平舉，問：「手放開會怎樣？」 ・「同時落地，還是分開？」 ・「為什麼？」	・能說出落下的速度（自由落體）和重量無關。空氣浮力會影響物體落下的快慢。	

圖 B01-2　哪一個快？（紙張放在書本上）

活動流程	關鍵動作／語言	評量標準	時間
Ⅱ.探索發現 **活動 1-1** **重力加速度** **活動 1-2** **抽卡遊戲** ◆塑膠杯上，平放一張紙卡，紙卡上放置一枚硬幣。 圖 B02　抽卡遊戲 **活動 1-3** **或然率** 1.用食指和拇指夾住十元硬幣，平舉讓人頭朝上，另一隻手則放在錢幣下方，準備承接。	・「物體掉下的速度和重量無關，要讓硬幣和紙鈔同時著地，有哪些方法？」 「做做看！」 ・「慢慢抽，錢幣會怎樣？」 ・「快抽，又會怎樣？」 ・「為什麼？」 ・「兩根指頭鬆開，讓硬幣落下到另一隻手的手心，看看人頭朝上或朝下？」 ・「操作五次，算算硬幣人頭朝上幾次？」	・能操作並說明五種以上同時落地的方法。 ・能操作，並能指出靜者恆靜，動者恆動的慣性現象。 ・能分享坐車的經驗及安全問題。 ・能操作、統計。	 第一節

活動流程	關鍵動作／語言	評量標準	時間

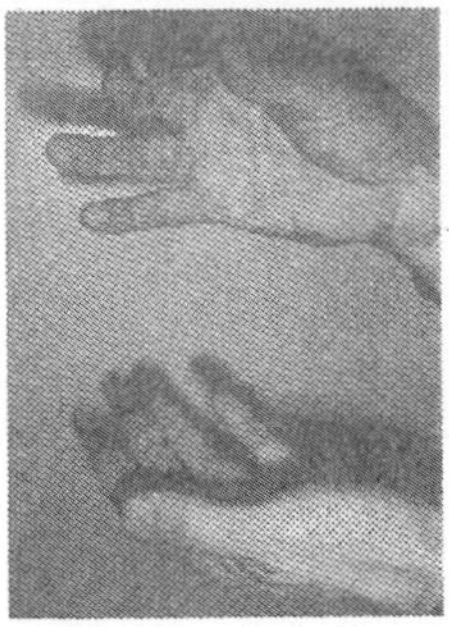

圖 B03　或然率

2. 同樣方式夾住兩枚十元硬幣，人頭均朝上。然後讓下面的硬幣落到另一隻手的手心。

- 「一樣操作五次，算算人頭朝上幾次？」
- 「夾兩枚硬幣的方式，硬幣翻轉機率比較大嗎？為什麼？」

- ‧能操作、統計。

- ‧能說出影響硬幣翻轉的原因：
  1. 手指鬆開的先後不同。
  2. 兩隻手的距離。

活動 1-4

錢幣騎士

1. 先把紙幣拉直，試著將硬幣直接安放在紙幣的緣線上。

2. 把紙幣對折成一角度，豎放在桌子上，然後將硬幣放在對折處，再慢慢把紙幣向左右拉開。

- 「容易平穩地放上去嗎？」
- 「有什麼方法能找到硬幣的重心嗎？」
- 「請注意硬幣和紙幣移動的情形。」
- 「為什麼硬幣會自動調整位置，而趨向重心所在？」

- ‧能嘗試做做看。

- ‧能操作把硬幣平穩地安放在紙幣的緣線上。
- ‧能說出紙幣承受壓力小的一邊，可以被拉開。

活動流程	關鍵動作／語言	評量標準	時間
圖B04　錢幣騎士 3.影響錢幣騎士穩定的因素。	・「哪些因素會影響錢幣騎士的穩定性？」「操作看看！」 ・「試著能不能鑑定真鈔或是偽鈔？」	・能指出硬幣的大小、紙幣的材質、紙鈔的新舊，以及拉開的快慢、手的熟練度等。	第二節
Ⅲ.創造省思 一、錢幣遊戲進一步的活動。	・「利用錢幣，還可以進行什麼遊戲？各組討論討論，並找出三種遊戲。」 ・「每種遊戲都要有遊戲名稱、操作步驟，以及活動的原理。」	・各組會記述、操作、分享三種錢幣遊戲。	
二、對錢的態度。	・「為了做遊戲，紙鈔被揉、被摺得歪七扭八，好嗎？」 ・「怎樣做比較好？」 ・「請說出一句對錢的看法。」	・能說出適當地利用紙張代替紙幣做遊戲。 ・能指出錢可以有好的用途，也有壞的用途	

活動流程	關鍵動作／語言	評量標準	時間
		；妥善使用為宜，例如儲蓄、捐獻，或作為其他健康的用途。	第三節
	—本單元結束—		

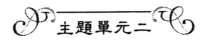
紙張的玄機

✿ 壹、單元目標

1. 探討紙張形態的改變，對於硬度、飛行等物理現象的影響。

2. 探討紙張發聲的方法與意義，並編撰有趣的故事。

3. 發展紙張的遊戲，並能廢紙利用，善用紙張。

貳、使用器材

· 紙捲筒　1個

· 乒乓球（或小皮球）　1個

· 長尺　2支

· 紙卡（類似明信片）　2張

· 硬幣　數十枚

· A4／B5紙張（用過為宜）　4～5張

· 小剪刀　1把

參、活動步驟

活動流程	關鍵動作／語言	評量標準	時間
I.情境關注 ◆ 水往高處流？ 　1.書本分成兩疊，相距約三、四十公分；一疊稍高，另一疊稍低。將兩把長尺架在書本之間，形成平行的軌道。 　2.紙捲筒放在軌道上。 　3.乒乓球放在軌道上。 圖 B05-1　水往高處流？ （平行軌道） 圖 B05-2　水往高處流？ （V 形軌道）	・「看，紙捲筒向哪一邊滾？」 ・「看乒乓球往哪一邊滾？」 ・「乒乓球不借助外力，可以往上滾嗎？做做看！」 ・「為什麼球是向上端滾動？」 ・「紙捲筒可以向上滾嗎？為什麼？」	・能調整兩把長尺的距離，較高的一端，兩把尺的間距稍寬，形成由上而下漸窄的斜坡。再把乒乓球放上軌道滾滾看。 ・能說出事實上球的重心仍是向下滾動的。 ・能指出紙捲筒和乒乓球在軌道上接觸面的變化不同。	

活動流程	關鍵動作／語言	評量標準	時間
Ⅱ.探索發現 **活動** 2-1 **承載多少重** 1. 一張紙卡懸空平放在兩疊厚度一樣的書本上，形成一座紙橋。 圖 B06-1　承載多少重？ （平面紙橋） 2. 把紙卡摺成三摺浪板形狀，當做橋面。 圖 B06-2　承載多少重？ （浪形紙橋） **活動** 2-2 **撕成多少片** 1. 一張剪了一刀，留有一	・「硬幣放到橋面上，橋面會陷下去嗎？」 ・「現在，請你把硬幣放上去，橋面的承載量有什麼變化？」 ・「紙卡摺成五摺浪板，承載量變成怎麼樣？」 ・「生活上有什麼地方會利用這種摺紋浪板？」 ・雙手分別拉著紙條的	 ・能操作，並紀錄橋面硬幣的個數。 ・能指出屋頂鐵皮浪板、保特瓶紋路、瓦楞紙等。	

活動流程	關鍵動作／語言	評量標準	時間
個缺口的紙條。	兩端，問： 「用力拉開，會變成 　幾片？」		
2. 剪兩刀，留有兩個缺口 　的紙條。 圖 B07　撕成多少片？	・仍是兩手分別拉著紙 　條的兩端，問： 　「用力拉開，會撕成 　　幾片？」 ・「能不能撕成三片？ 　」 ・「小心使用剪刀，避 　免刀尖對著別人。 　」	・能操作；一般是撕成 　兩片。 ・能操作撕成三片，例 　如： 　1. 把紙條對摺，一手 　　拿著摺在一起的兩 　　端，一手拿著紙條 　　中央位置，撕開即 　　可。 　2. 把兩個缺口剪成要 　　斷不斷的情形，然 　　後兩手又拉又甩地 　　撕成三片。	第一節
活 動 2-3 捲尾降落器 1. 取一張約 5×18cm 的紙 　條，然後參照下頁的製 　作圖，實線請用剪刀剪 　開，虛線則摺成一個箭 　頭，另一端剪開後，向 　不同方向捲成兩個略為 　圓弧的尾翼，成為一個 　捲尾降落器。	・箭頭朝下，讓降落器 　自由降落。「看它是 　怎樣旋轉的？」 ・「怎樣可以增加它的 　旋轉速度？」 ・「怎樣可以改變它的 　旋轉方向？」	・能夠改變降落器的箭 　頭或尾翼的形狀，以 　操作、觀察降落的情 　形。	

活動流程	關鍵動作／語言	評量標準	時間

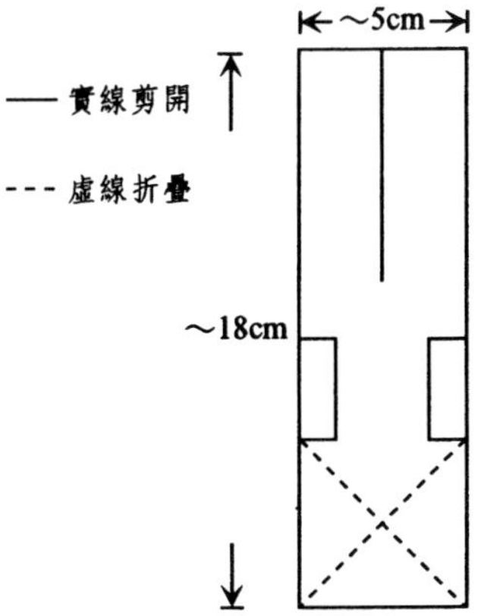

圖 B08-1　捲尾降落器
（製作圖）

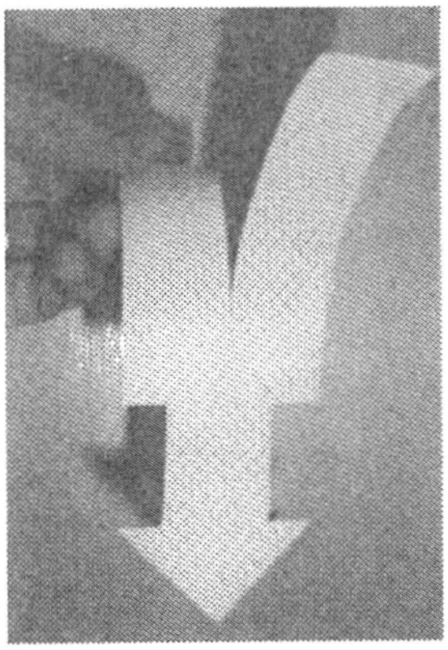

——　實線剪開

- - -　虛線折疊

～5cm

～18cm

圖 B08-2　捲尾降落器
（成品圖）

活動流程	關鍵動作／語言	評量標準	時間
2.不同的紙條降落器。	・「試試看，紙條還可以做成什麼樣的旋轉降落器？」	・會製作並操作紙條降落器（能把握較重的頭端和舒展的尾翼等因素）。	

活動流程	關鍵動作／語言	評量標準	時間
活動 2-4 **發聲的故事** 1. 紙張的發聲。 2. 發聲的故事。	・展示一張用過的紙張，問： 「紙張是利用什麼做的？」 「我們利用廢紙做遊戲，為什麼？」 ・「怎樣可以讓紙張發出聲音？」 ・「聽到聲音，你有什麼感受？」 ・「請各組利用紙張五種發聲方法，編成一個短篇故事。」	・能說出廢物利用，愛惜紙張，愛護森林。 ・能操作吹、拍、彈、搓、揉……等方法。 ・能指出聲音有大小、高低，可以傳達某些意義。 ・會操作並敘說一個發聲的故事。 ・能了解紙張與森林的關係，要愛惜使用。	
活動 2-5 **圈下多少地** 1. 剪一個最大的紙圈。	・展示一張 A4 或 B5 的紙張。 「看看誰能剪出最大的紙圈？」 「使用剪刀要小心，刀尖盡量不要朝著別人。」	・能剪出大紙圈。例如下列圖示： 1. 先對摺： 圖 B09-1　圈下多少地？（對摺示意圖）	

活動流程	關鍵動作／語言	評量標準	時間
		2.對摺處保留兩端，中央部位予以剪開，然後依示意圖中的實線部分上下對剪，展開即成一個大紙圈。	

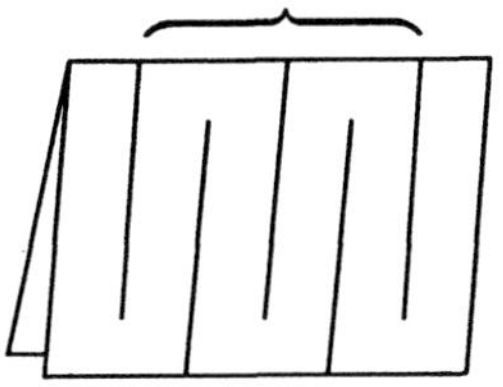

此段剪開

圖B09-2　圈下多少地？（剪法示意圖）

活動流程	關鍵動作／語言	評量標準	時間
2.探索不同的剪法。	‧「要圈下最大土地的紙圈，還有哪些剪法呢？嘗試看看！」	‧能找出其他的剪法。 ‧能收拾碎紙片，並整理、清掃環境。	
Ⅲ.創造省思 ◆紙飛機的還思 　1.向上飛？ 圖B10-1　紙飛機 （機翼的控制） 　2.向下飛？	‧展示紙飛機 「飛上青天，是很多人兒時的夢想。如果你把兩端翅膀微微向上翹，飛飛看？」 ‧「如果你把翅膀微微	‧能操作紙飛機向上飛。 ‧能操作向下飛。	第二節

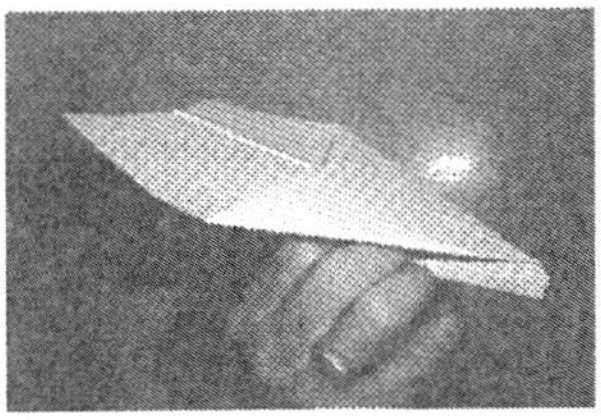

活動流程	關鍵動作／語言	評量標準	時間
3.控制紙飛機的飛行？	向下彎，再飛飛看？」 •「哪些因素會影響飛機飛行？」 •「試試看： —飛得最遠； —可以旋轉飛行； —飛得最久； —飛得最……！」 —本單元結束—	•能指出飛機的機頭、機翼形狀、發射方向、力道、風力等因素。 •能摺各式紙飛機，操作飛行，並操縱紙飛機飛行的變因。	第三節

圖 B10-2　紙飛機
（各式紙飛機）

主題單元三

筷子與杯子共舞

🌼 壹、單元目標

1. 探討物體與物體之間相互支撐的方式與作用。

2. 能利用熱氣流，製作走馬燈的玩具。

3. 能操作並分享杯組樂器及演奏之娛。

🎋 貳、使用器材

‧透明環保杯並裝有九分滿的米粒　1 只

‧不鏽鋼筷　1 支

‧免洗筷　3、4 雙

‧紙杯　5～6 只

‧蠟燭　1 小支

‧剪刀　1 把

‧毛線或棉線、牙籤、膠帶　少許

‧玻璃杯組　6～7 只

‧高腳玻璃杯　6～7 只

‧小水桶　1 個

‧抹布　1 條

活動流程	關鍵動作／語言	評量標準	時間
I.情境關注 ◆ 一柱擎天 *1.* 裝米八、九分滿的環保杯（或玻璃杯），把一根不鏽鋼筷子插入米中。 **圖 B11　一柱擎天**	・「用手握住筷子往上提，米粒和杯子會跟著筷子一起上提嗎？」		
2. 怎樣使米和杯子跟著筷子一起提上去？	・「試試看，怎樣把杯中的米粒弄得紮實？把筷子插進去時，避免米粒鬆掉；耐心地多試幾次，會有奇妙的現象出現哦！」	・會輕敲杯子使米粒紮實，同時壓制杯面的米粒，不讓它鬆散；米粒、杯子與筷子一起提上去的機率就會增加。 ・桌面掉落的米粒，會撿乾淨、收拾好。	

活動流程	關鍵動作／語言	評量標準	時間
Ⅱ.探索發現 **活動** 3-1 **三角架橋** 1. 排成三角鼎立的三個杯子，距離要比筷子長度稍大。 2. 架構三角架橋。 圖 B12　三角架橋 **活動** 3-2 **提起三角鼎** 1. 拿一雙筷子，一根折斷成兩截，一根則折成 V 字形。 2. 提起整個三角鼎。 圖 B13　提起三角鼎	・「這三個杯子當做橋墩，利用三根筷子造一個三角架橋，把三個橋墩接起來。」 ・「三根筷子怎樣交叉，互相支撐？」 ・把 V 字筷和半截筷架成三角鼎，「請利用另外的半截筷子，提起整個三角鼎來！」 ・「整個提起來，要有什麼條件？」 ・「哪些因素會影響你的操作？」	・會架設三角架橋。 ・能指出「倒 V 字筷」需要扣在半截筷子上。 ・能指出桌面的摩擦力、個人技巧等。	第一節

活動流程	關鍵動作／語言	評量標準	時間
活動 3-3 **單絃琴** 1.有聲音嗎？ 2.把毛線一端固定在紙杯底部。 圖 B14　單絃琴 活動 3-4 **美麗的走馬燈** 1.熱氣流上升。 2.製作走馬燈 　(1)燈座及燈罩	・拿一條毛線，一手捏緊毛線的一端，一手拉著毛線滑動。 「有聽到聲音嗎？」 ・一手拿紙杯，一手掐著毛線向下滑動， 「現在，有聽到聲音嗎？」 「紙杯是做什麼用的？」 ・「聲音高低和毛線長短有關嗎？」 ・「這個玩具像不像一個單絃琴？試試看，能不能演奏一首曲子？」 ・「燃燒中的蠟燭，你是否感覺到有一股氣流向上升？怎樣證明呢？」 ・在一個紙杯的側邊剪開一、兩個口，在杯	 ・能說出共鳴箱的功能。 ・能說出毛線愈長，聲音愈低。 ・會操作、遊戲。 ・能發表自己的看法，並客觀接受別人的意見。	

活動流程	關鍵動作／語言	評量標準	時間
	內底部固定蠟燭，做為燈座。另一個紙杯則剪出三、四個葉片做燈罩。		
(2)組合走馬燈	·把燈罩和燈座用膠帶貼好，並在燈罩上端固定一條棉線。	·會製作走馬燈，**點燃蠟燭**，觀察走馬燈旋轉的方向。	
	·「走馬燈為什麼會旋轉？」	·能說出熱氣流上升。	
	·「方向是怎麼轉？」	·能指出葉片方向和旋轉有關。	
圖B15　走馬燈	·「用火要注意什麼？」	·能注意用火安全。	第二節
Ⅲ.創造省思 一、杯組敲擊樂器			
·一組玻璃杯或陶瓷杯（約六、七只）。	·輕輕敲擊裝著不同水量的玻璃杯（或陶瓷杯）。問：「聲音有什麼不同？」		
圖B16　杯組敲擊樂器	·六、七個玻璃杯並排在桌子上，依次注入不同高度的水量。「請調整聲音的高低，製作一套杯組樂器。」	·會調整聲音高低並演奏曲子。	

活動流程	關鍵動作／語言	評量標準	時間
二、杯組觸摸樂器 ・一組高腳玻璃杯。 圖 B17 杯組觸摸樂器	・用一手按著杯座，另一手用食指沾點水，在杯口緣處來回摩擦，試試能不能發出聲音。 ・「請利用水量調整聲音的高低，並演奏看看！」 —本單元結束—	・會調整聲音高低，並演奏曲子。 ・活動結束後，會收拾器材，整理環境。	 第三節

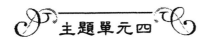

保特瓶與試管天地

壹、單元目標

1. 探討空氣具有壓力，以及空氣壓力和溫度的關係。

2. 操作試管在水中的浮沉，並能控制它的相關變因。

3. 能了解事必有因，並分辨預測和臆測的區別。

貳、使用器材

· 保特瓶　2 只

· 雙面蓋　1 個

　（兩個瓶蓋背對背黏妥，並在中央鑽個洞）

· 燒杯（一般 200mℓ）　1 個

· 生蛋　1、2 個

· 大小試管　各 1 支

　（大試管口逕正好可以插入小試管；用小量筒代替大試管也可）

· 原子筆筆套　1 個

· 紙黏土　少許

· 水桶（約 20～30ℓ）　1 個

· 抹布　1 條

活動流程	關鍵動作／語言	評量標準	時間

I.情境關注
 	
◆龍捲風
  *1.*保特瓶的水會流下來嗎？
 	
  *2.*把兩個瓶蓋背對背用強力膠黏牢，再打一個洞，成為中央開洞的「雙面蓋」。
 	
圖 B18　龍捲風
	·展示一瓶礦泉水，倒過來，問：
	「為什麼水不流下來？」
	·瓶蓋打個小洞，一樣把瓶子倒過來，「水流下來了嗎？」
	
	·把「雙面蓋」套在一個裝滿水的保特瓶，再拿一個體積一樣的空保特瓶套在上方。當把「雙面瓶」倒過來，問：
	「上面瓶子的水會流下來嗎？」
	「為什麼？」
	
	·雙手扶好雙面瓶，做快速旋轉動作，然後靜置。
	「上面瓶子中的水有什麼變化？」
	·「為什麼現在水可以
		
		·能察覺大氣壓力的存在。
		
		·能說出下面空瓶子內有空氣壓力。
		
		·能指出形成一個漩渦，上面瓶子的水沿著瓶壁，向下流動。
		
		·能指出漩渦的形成，	

活動流程	關鍵動作／語言	評量標準	時間
	流下去呢？」	使下面瓶子的空氣可以升到上面瓶子，產生氣壓，促使水往下流。	
Ⅱ.探索發現 (活)(動) 4-1 紙球可以進洞嗎？ *1.* 把空保特瓶躺平放在桌面上，撕一點面紙揉成一個小紙球，放在瓶口上。 圖 B19　紙球可以進洞嗎？ *2.* 吹球進洞。	・「對著紙球吹吹看，紙球可以被吹進洞嗎？」 ・「為什麼紙球不容易吹進瓶子內？」 ・「哪些因素會影響紙球的動向？」 ・「試試有哪些方法可以把紙球吹進洞。」	・能指出瓶中有空氣，吹氣時，若增加瓶中的氣體，造成壓力，會把紙球推出來。 ・能指出紙球大小、吹氣位置、吹氣力量大小等。 ・能操作並解釋。	
(活)(動) 4-2 隔空運氣 *1.* 瓶蓋抹一點兒水，然後	・用一隻手的手掌圍著		

活動流程	關鍵動作／語言	評量標準	時間
倒放在瓶口上。 圖 B20　隔空運氣	瓶身，但不可碰到瓶子，大約一分鐘左右， 「看看，瓶蓋有什麼現象？」 ・「為什麼瓶蓋會有跳動的現象？」 （也可用兩個手掌試試看）	・能指出是瓶中空氣受熱膨脹的現象。	
2.比一比，誰的熱能大？	・「哪些因素會影響瓶蓋的跳動嗎？」 ・「設計一個比賽，看哪一組手掌的熱能最大？」	・能說出瓶蓋和瓶口是否密合、瓶蓋的重量、瓶子有無水滴、手掌的溫度等因素。 ・能共同設計，並操作。	第一節
活動 4-3 分離蛋黃 1.把一個生蛋輕輕打破放在燒杯中，蛋黃要保持完好不破。 2.保特瓶裝滿熱水（四、五十度即可，要小心，避免燙傷），把熱水倒掉後，迅速扣在蛋黃上面。	・「蛋黃和蛋清怎樣分離呢？」 ・「看，蛋黃會自動上升，進入保特瓶內，為什麼呢？」	・能討論出各種方法。 ・能說出瓶內空氣漸漸冷卻，壓力變小，蛋黃被瓶外的大氣壓力推擠進入瓶內。 ・能使用乾淨的保特瓶和燒杯容器，維持蛋	

活動流程	關鍵動作／語言	評量標準	時間
圖 B21　分離蛋黃 **活動** 4-4 **試管向上爬** 1. 拿一個小試管放入口徑比小試管稍大的小量筒（或大試管）。 2. 先把小量筒裝滿水，再把小試管輕輕放入量筒，雙手扶好，迅速倒過來（在水槽上操作，以免弄溼環境）。 　圖 B22　試管向上爬	・把小量筒倒過來，「看看小試管，是不是會掉下去？」 ・「看看小試管這次是怎麼運動的？」「為什麼？」	黃、蛋清的乾淨，做完活動，以利處理。 ・能說出倒過來時，量筒的水從兩個器壁之間流出來，量筒上端形成真空，試管就會向上爬。只要空氣進入量筒內，試管就會掉下來。	第二節

活動流程	關鍵動作／語言	評量標準	時間
Ⅲ.創造省思 ◆水上芭蕾 　1.保特瓶注滿水，試管裝約一半的水，倒放入保特瓶內，使試管浮在水的上方，然後把瓶蓋栓緊。 　2.手握瓶身，用力擠壓；然後再把手放鬆。 圖 B23-1　水上芭蕾 （試管浮沉子） 　3.製作水上芭蕾 　　・每組準備保特瓶（～1500CC）、試管1支、原子筆筆套1個、紙黏土（或油土）。	・「試管可聽我們的指揮，浮沉自如嗎？」 ・「看試管在水中會有什麼現象？」 「為什麼？」 ・「請利用水、紙黏土分別調整試管和筆套，使倒懸在水的上方。」 ・「擠壓瓶身，哪一個先沉下？」 「手放鬆，哪一個先	・能了解物理現象必有原因，不可亂猜（臆測）。 ・能說出物體比重比 1 大，會沉下去；比 1 小，就會浮上來。擠壓瓶身時，水會進入試管而改變其比重。 ・能了解預測是有根據數據的猜測。	

活動流程	關鍵動作／語言	評量標準	時間
 圖 B23-2　水上芭蕾 （試管和筆套浮沉子）	浮上來？」 ・「哪些因素會影響浮沉的順序？」 ・「請製作浮沉順序可以任你控制的水上芭蕾。」 —本單元結束—	・能指出試管／筆套口的大小，以及手擠壓／放鬆的快慢都會影響水量的進出，而造成比重的改變。 ・會製作，並操作水上芭蕾。 ・用水若造成桌面、地上潮溼，會擦拭、整潔。	第三節

主題單元五

墊板的動與靜

壹、單元目標

1. 操作物體振動、滾動、轉動、滑動的遊戲，並探討相關的變因。

2. 操作毛細現象活動，會比較並紀錄液體爬升的情形。

3. 從墊板的科學活動中，體會自然界的神奇和探索的樂趣。

貳、使用器材

· 塑膠墊板　2 個

· 高低紙捲筒或塑膠筒　各一個

　（約 $\phi 4 \times 12cm$，$\phi 4 \times 20cm$）

· 鉛筆　2～3 支

· 塑膠杯　1～2 個

· 塑膠水槽或水桶　1 個

· 乒乓球　1～2 個

· 鐵線　1 條（約 20～30 公分）

· 燕尾夾　4～6 個

．油性筆　2～3 支

．剪刀及美工刀　各 1 把

．抹布　1 條

活動流程	關鍵動作／語言	評量標準	時間
I.情境關注 ◆可怕的地震 1.取一塊墊板當地面，兩個紙捲筒（例如保鮮膜用完後，取其裡面紙捲筒，高、低各約 20 公分、12 公分）當建築物。 圖 B24　可怕的地震 2.能隨自己的意願讓任何一個紙捲筒先倒。	・把兩個紙捲筒豎立在墊板上，問： 「墊板前後或左右震動，哪一個紙捲筒會先倒呢？」 ・「操作看看你能控制讓任意一個紙捲筒先倒嗎？」 ・「地震是可怕的，但也不要太慌張，請隨時留意防範的方法。」	・能指出墊板震動的頻率、幅度和紙捲筒擺動會產生加強和消弱的作用。 ・能操作控制。	

活動流程	關鍵動作／語言	評量標準	時間
II.探索發現 **活動** 5-1 **紙蛇起舞** 1.將面紙撕成細細的紙條，放在桌子上，拿一塊乾燥的墊板放在紙條上方五、六公分處。 圖 B25　紙蛇起舞 2.墊板摩擦的遊戲。 **活動** 5-2 **滾動比賽** 1.把墊板的一端墊高，形成一個斜面。 2.比一比，誰滾得遠。 圖 B26　滾動比賽	・用手在墊板上輕輕來回摩擦，問： 「你可以讓紙條像紙蛇一樣起舞嗎？」 「為什麼？」 ・「你還會利用摩擦墊板做什麼遊戲？」 ・拿一支鉛筆自上方滾下。 「看鉛筆滾多遠？」 ・「如果斜面的角度不變，比一比，誰的筆滾得最遠？」	・能操作，並指出摩擦產生靜電。 ・會操作，也會注意安全、禮貌。 ・能設計改變鉛筆滾體或墊板平滑的程度。 ・會測量紀錄滾動的距離。	第一節

活動流程	關鍵動作／語言	評量標準	時間
活動 5-3 **墊板會掉下去嗎？** 1. 準備一個水槽做為操作時承接水的底盤。 圖 B27　墊板會掉下去嗎？	· 取一杯裝滿水的塑膠杯，蓋上墊板。一手扶杯子，一手扶墊板，同時翻轉過來。 「扶著墊板的手放開後，墊板會掉下去嗎？」	· 能操作，並指出大氣壓力讓墊板不會掉下來。	
2. 試試不同的杯子、不同的水量。	· 「塑膠杯換一下，用玻璃杯、紙杯裝水做做看！」 · 「不同材質的墊板可以做嗎？」 · 「你還想到些什麼問題？」	· 能指出，杯子和墊板要密合，墊板就比較不會掉下去。 · 能指出： 1. 杯子不裝滿水，做做看。 2. 如果水潑得滿桌、滿地，都會整理乾淨。	

活動流程	關鍵動作／語言	評量標準	時間
活動 5-4 **水可以爬上墊板？** 1. 把墊板豎立在裝有水的水槽上。 2. 兩片墊板中間夾一根鐵線，板子兩側用燕尾夾夾住。 圖 B28　水可以爬上墊板嗎？ **Ⅲ.創造省思** ◆乒乓圓舞曲 　1. 把乒乓球剪成一些小弧面的新月型舞者。 圖 B29　乒乓圓舞曲	・「水會爬上墊板嗎？」 ・「怎樣可以讓水爬上去？」 ・「現在把這兩片夾緊的墊板豎立在水槽，看看有什麼現象？」 ・把新月型乒乓舞者放在墊板上，將墊板一邊傾斜， 　「唉！新月舞者怎麼掉下去了？」 ・「墊板上抹一點水，再做做看。」	・能說出利用毛細現象來操作。 ・會描繪或描述水在夾片中上升的情形與夾縫大小的關係。 ・會指出乒乓舞者以沾水處為中心點旋轉。	第二節

活動流程	關鍵動作／語言	評量標準	時間
2.製作旋轉速度不同的舞者。	・「哪些因素會影響新月舞者的旋轉呢？」	・能指出水的多寡、乒乓月片的質量、弧面的長度、墊板的傾斜度、個人的技術等。	
	・「製作兩、三個乒乓舞者，玩玩看。」	・會製作，並能考量用不同質材的東西（例如蛋殼）取代乒乓球。	
	・「在乒乓舞者上塗點顏色，看看有什麼變化？」		
3.成果展示、欣賞。	・「各組出來展示、操作乒乓舞者，並說明作品的特色。」	・會操作、說明與分享。	
		・會收拾整理。	第三節
	─本單元結束─		

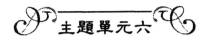

主題單元六

氣球之娛

壹、單元目標

1. 探討氣體的體積和壓力、溫度，以及分子數量的關係。

2. 操作氣球摩擦產生靜電，造成隔空施力的現象。

3. 了解氣球吹開後，橡皮各部位的張力不同，會有不同的性質。

4. 從氣球造形的創新，體會形態、色彩及物理之美。

貳、使用器材

· 大小氣球各若干個

· 長針（或磨尖的鐵線三、四十公分長，或牙籤）　1～2 支

· 真空罐　1 個

· 試管、橡皮筋　各 1

· 注射筒（50 或 100mℓ）　1 個

· 膠帶（及膠帶座）　1 個

· 紙杯或玻璃杯　1～2 個

· 空鋁罐　1 個

- 空保特瓶　1～2 個

- 牙籤　2～3 支

- 美工刀　1 把

- 抹布　1 條

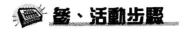

活動流程	關鍵動作／語言	評量標準	時間

Ⅰ.情境關注
 	
◆ 我把氣球變大了
 	
  1.拿一個沒有針頭的注射筒，用橡皮筋把氣球套上針筒的筒口。
 	
圖B30-1　我把氣球變大了！（套在針筒的氣球）
 	
  2.把一個氣球套在試管上，然後放入真空罐。
 	
圖B30-2　我把氣球變大了！（真空罐裡的氣球）
	・用手推擠注射筒內管，「看，氣球體積為什麼變大了？」
	・將推注射筒的手鬆開，「氣球怎麼又縮小了？」
	
	・「來，我們把真空罐抽氣，看看氣球有變化嗎？」
		・能說出氣體從針筒進入氣球，氣球就變大了。
		・能說出氣體跑回注射筒。
		・能指出氣體有體積，但沒有一定的形狀。
		
		・能說出真空罐壓力變小後，氣球就會膨脹變大。	

活動流程	關鍵動作／語言	評量標準	時間
Ⅱ.探索發現 **活動** 6-1 **吹不大的氣球？** 1.把氣球放在保特瓶瓶口內，然後將氣球吹口翻轉反套在瓶口上。 圖 B31-1　吹不大的氣球？ （反扣在保特瓶口的氣球） 2.把氣球反套在瓶身有切口的保特瓶。 圖 B31-2　吹不大的氣球？ （瓶身有切口的保特瓶）	・「用力吹吹看？」 ・「怎樣可以把瓶內的氣球吹大起來？」 ・「現在，再吹吹看！」 ・「如果氣球吹大後，把瓶身的缺口封閉，氣球會怎樣呢？」	・能指出瓶內有空氣壓力，所以無法把氣球吹大。 ・能說出在瓶身剪開一個缺口，讓空氣排出。 ・能指出瓶外的大氣壓力比瓶內大，所以氣球不會「洩氣」縮小。 ・使用刀片切割保特瓶時，會小心操作，注意安全。	

活動流程	關鍵動作／語言	評量標準	時間
活動 6-2 **氣球娃娃戴帽子** 1. 把氣球吹氣並且綁好，在氣球上畫一個娃娃臉，增加趣味性。 2. 將熱水（約四、五十度即可）倒入杯中約六、七分滿，經數秒鐘後，把水倒掉。 圖 B32　氣球娃娃戴帽子 **活動 6-3** **隔空施力** 1. 把牙籤平放在瓶子的瓶蓋上。	・「想想看，把這個紙杯當作氣球娃娃的帽子，輕輕扣在氣球上，然後把氣球吸起來，怎樣可以辦到呢？」 ・迅速將杯口緊密地倒扣在氣球上，「請把杯子輕輕舉起來，氣球被吸起來嗎？」 ・「氣體體積大小會受到哪些因素的影響呢？」 ・氣球充氣後，在頭髮上摩擦幾下後，微微靠近牙籤。	・能說出杯子內的空氣漸漸冷卻，壓力變小，氣球就被「吸」起來。 ・能說出氣體的量、壓力、溫度都會影響氣體的體積。	 第一節

活動流程	關鍵動作／語言	評量標準	時間
 圖 B33-1　隔空施力 （牽引牙籤）	「牙籤會移動嗎？為什麼？」		
2.把空的保特瓶或易開罐平放在桌子上。 圖 B33-2　隔空施力 （牽引空罐子）	・將摩擦後的氣球靠近瓶子。 「看瓶子是怎麼滾動的?」	・能操作並說明氣球摩擦後，產生靜電吸力；能注意到潮溼會影響效果。	
活動 6-4 刺不破的氣球 1.準備一個吹好的氣球，和一根比氣球直徑更長的長針（或磨尖的長鐵線）。	・從氣球的頭尾兩端慢慢刺穿，「為什麼刺穿了，球不會破？」	・能指出氣球的頭尾兩端橡皮並沒有被拉緊。	

活動流程	關鍵動作／語言	評量標準	時間
 圖 B34-1　刺不破的氣球 （鐵線穿刺） 2.為氣球扎針（可利用牙籤代替針）。 圖 B34-2　刺不破的氣球 （牙籤穿刺） Ⅲ.創造省思 ◆氣球造形 　1.每一組準備七、八個小氣球。 　2.創作分享。	・「試試看，在氣球的頭尾兩端，各扎一支牙籤。」 ・「請各組玩玩氣球，發揮創意組合氣球造形，並請給與造形作品命名。」 ・「各組發表作品，請說明主題名稱、作品特色等。」 ―本單元結束―	・會尋找頭尾兩端顏色較深的部位穿刺，並注意使用牙籤的安全。 ・會探討如果牙籤要扎在氣球肚皮位置，就要在氣球上黏貼膠帶，以防扎針處橡皮拉裂而破掉。 ・會創作、發表、欣賞、分享。	 第二節 第三節

主題單元七

吸管與易開罐的世界

⚙ 壹、單元目標

1. 探討大氣壓力，以及在生活上的應用。

2. 在遊戲中體驗發現的喜悅，並增進創造思考、解決問題的能力。

3. 製作吸管笛子，體會音律之美。

貳、使用器材

· 水槽　1 個

· 空易開罐　1～2 個

· 酒精燈　1 個

· 夾鉗　1 個

· 易開罐飲料　1～2 個

· 吸管（直的、彎頭的）　各 3～4 支

· 保麗龍球　1～2 個

· 杯裝礦泉水　1～2 杯

· 剪刀　1 把

參、活動步驟

活動流程	關鍵動作／語言	評量標準	時間
I.情境關注 ◆神奇的力量 1.準備一個水槽或臉盆，裝約 1/2 水，用鉗子夾住空的易開罐，倒扣到水中。 2.用鉗子夾住易開罐，先在酒精燈上加熱約一、兩分鐘。 圖 B35-1　神奇的力量 （空罐加熱） 圖 B35-2　神奇的力量 （空罐倒栽入水中）	・「易開罐有什麼變化？」 ・迅速把空罐子倒立在水中。 「看看罐子有什麼變化？」 ・「注意酒精燈不可任意移動，要注意用火安全。」	・能說出罐子開口處必須全部沒入水中，罐內的氣體急速冷卻，壓力變小，外界大氣壓力會把罐子快速壓扁，產生巨響。	

活動流程	關鍵動作／語言	評量標準	時間
Ⅱ.探索發現 **活動** 7-1 **神掌氣功** *1.* 易開罐立放在桌子上，手掌覆蓋在罐子上。 圖 B36-1　神掌氣功 （一罐式） *2.* 一罐接一罐。 圖 B36-2　神掌氣功 （多罐式）	・「我們可以用手掌心的力量把整個罐子吸起來嗎？」 ・「試試看，大氣壓力有多大？先把兩個罐子用膠帶黏接起來，做做看。然後三個罐子、四個罐子……看哪一組吸起最多罐？」	・會發現手掌和罐子之間的空氣「擠」掉一部分，就可以把飲料罐吸起。手掌抹些水，效果可能更好。 ・會操作，並指出生活上「吸盤」的運用。	 第一節

活動流程	關鍵動作／語言	評量標準	時間
活動 7-2 **可愛的蠶寶寶** 1. 把吸管外面的包裝紙套兩端去掉，然後向中央慢慢擠壓，再把吸管抽開，就是一隻緊縮的蠶寶寶。 圖 B37-1 可愛的蠶寶寶 （吸管捲紙） 2. 自製紙蠶寶寶。 圖 B37-2 可愛的蠶寶寶 （滴水在紙蠶寶寶上）	・「用吸管吸一點水，滴在紙蠶寶寶身上，看看產生什麼現象？」 ・「如果沒有吸管，或吸管沒有外緣的包裝紙套，請設法製作紙蠶寶寶。」	・能指出紙捲吸水膨脹，會像一隻伸展運動的蠶寶寶。 ・會利用面紙、原子筆筆桿製作。 ・會量蠶寶寶生長的長度。	

活動流程	關鍵動作／語言	評量標準	時間
活動 7-3 **祥龍吐珠** 1.取一有彎頭的吸管，和一顆保麗龍球。 圖 B38　祥龍吐珠 2.龍珠接龍	・「吹吹看，球可以在空中飄浮嗎？」 ・「可以把『祥龍吐珠』活動設計成更有趣的遊戲活動嗎？」	・能了解氣流加速，氣壓會變小，球就不容易「掉到外面」去。 ・會把吸管接口剪成一個托盤；會玩龍珠接龍；會比賽吹高或吹久等各種遊戲。	
活動 7-4 **彩虹世界** 1.杯裝礦泉水。 2.兩支吸管的合作。 圖 B39-1　彩虹世界 （約90度角吹氣）	・「不用傾倒的方式，怎樣可以讓杯中的水流出來？」 ・把一支吸管插在罐子內，另一支吸管口對口約 90 度角用力吹。 「看有什麼現象？」	・能指出利用擠壓、毛細現象、虹吸原理等方法。 ・能說出氣流快、壓力小，水就上升；經用力一吹，就會有水霧飛揚。	

活動流程	關鍵動作／語言	評量標準	時間
3.製造彩虹。 圖 B39-2 - 彩虹世界 （噴霧現象） **Ⅲ.創造省思** ◆吸管笛子。 圖 B40　吸管笛子	• 「今天陽光真好，到室外試試看，怎樣可以利用這個噴霧裝置，噴出彩虹來。」 • 「笛子利用氣柱長短吹出美妙的聲音，請試試製作吸管笛子。」 • 「有許多作品都很有創意，請演奏看看，並與大家分享。」 —本單元結束—	• 會操作，嘗試面對、背對陽光，利用各種陽光的角度，以及留意噴霧的背景顏色，以了解彩虹的產生。 • 能嘗試製作，耐心嘗試。 • 使用剪刀會注意安全。 • 會分享與欣賞。	第二節 第三節

主題單元八

淡水和海水爭鋒

✿ 壹、單元目標

1. 能設計各種方法鑑別海水與淡水。

2. 了解溶液濃度不同，比重也會改變。

3. 會適當使用實驗器材，例如酒精燈、藥品杓、滴管、燒杯等，並會妥善清理。

貳、使用器材

· 海水（鹽水）、淡水　保特瓶裝各 1 瓶

· 滴管　3～4 支

· 金屬長柄湯匙　1 把

· 酒精燈　1 只

· 生蛋　1～2 個

· 筷子（攪拌用）　1～2 雙

· 藥品杓　1～2 把

· 鹽（用燒杯分裝好）　1 杯

- 抹布　1 條

- 試管　3～4 支

- 燒杯（500mℓ）　1 個

　　　　（100mℓ）　2～3 個

- 紅藍墨水　各 1 瓶

- 火柴　1 盒（或打火機　1 個）

- 吸管　3～4 支

- 鋼釘　若干

- 溫度計　1 支

活動流程	關鍵動作／語言	評量標準	時間
Ⅰ.情境關注 ◆水中乾坤 　兩瓶無色透明的液體，已知一瓶是鹽水，一瓶是淡水。 　*1.看一看* **圖 B41　水中乾坤** 　2.聽一聽	 ・「如果不能用口嚐的方法，你會辨別嗎？」 ・「不用眼睛看，改用耳朵聽，如此可以分辨嗎？」	 ・會用同樣的力道搖晃保特瓶若干下，氣泡多的是鹽水。 ・了解水中溶鹽增加氣泡形成的機會。 ・把保特瓶搖晃後，貼近耳朵，氣泡多寡，會使聲音也不同；氣泡多的，聲音自然會拉長。	

活動流程	關鍵動作／語言	評量標準	時間
II.探索發現 **活動 8-1** **簡易的辨別方法** 1.滴滴看 圖 B42-1　簡易辨別鹽水 　　的方法（滴水法） 2.燒燒看 圖 B42-2　簡易辨別鹽水 　　的方法（蒸發法） **活動 8-2** **蛋浮起了嗎？** 1.把生蛋放入盛有清水的 　玻璃杯。	・「用滴管把鹽水滴入 　清水，然後再把清 　水滴入鹽水，仔細 　觀察杯子中的水有 　什麼不同？」 ・用金屬湯匙盛些許液 　體，在酒精燈上加熱 　，「看哪一種液體會 　留下東西？」 ・「看到什麼現象？」 　「為什麼？」	・能察覺鹽水滴入清水 　時，會有液體向下流 　動的現象；清水滴入 　鹽水則看不到這種現 　象。 ・能指出若有白色結晶 　體殘留下來，就是鹽 　水。 ・能指出生蛋比水的密 　度大，所以沉下去。	

活動流程	關鍵動作／語言	評量標準	時間
2.一杓一杓加入鹽，並輕輕攪拌。 圖 B43　蛋浮起來了嗎？ **活動** 8-3 **多層彩色溶液**	• 「怎樣可以讓蛋浮起來呢？」 • 「請注意蛋是怎樣浮起來的？」 • 「怎樣讓蛋再沉下去？再讓它浮起來？」 • 「請調整到蛋可以任意停留在水中，試試看。」	• 能操作並指出加入鹽後，鹽水密度會增加；當鹽水密度大於蛋時，蛋就浮起來。 • 能操作並利用水和鹽來調整溶液的密度。	
1.配製兩杯濃度不同的鹽水，並分別用墨水染成紅色及藍色（只要兩者顏色不同即可）。 圖 B44　多層彩色世界	• 「這裡兩杯顏色不同的鹽水，代表不同濃度，另外一杯是清水。請把它們滴入試管內，製成兩層或三層彩色溶液。」 • 「為什麼這樣可以製作三層溶液？」	• 會操作把濃鹽水、次濃鹽水，最後才用清水，分別用滴管依序沿著試管壁緩緩滴入試管內。 • 能指出比重愈大，就愈沉在下層。	第一節

活動流程	關鍵動作／語言	評量標準	時間
2.製作四層以上的彩色溶液。	・「試試看，哪一組可製作成最多層的彩色溶液。」	・能操作，並了解不同溶液要使用不同滴管，否則滴管要隨時清洗，以免造成不同溶液的混淆。	
活動 8-4 自製比重計 1.不同濃度不同比重（密度）。	・「多層彩色溶液能夠很清楚看出溶液的比重不同。可不可設計一種儀器（比重計）來比較溶液的比重（密度）。」	・能說出利用浮沉體來測溶液的比重。	
2.製作比重計。 圖 B45　自製比重計	・「這裡有吸管（或滴管）、鋼釘（或鋼絲），請試試製作比重計。」	・會把吸管一端用火封死，另一端則用鋼釘來調整水位，以製作一個比重計。 ・能進一步考慮、標示比重計的刻度。	第二節

活動流程	關鍵動作／語言	評量標準	時間
Ⅲ.創造省思 一、鹽水和淡水的其他鑑定方法。	·「還有許多方法可以區別鹽水和淡水，請設計並做做看。」	·能設計並操作，且注意活動安全。	
二、綿綿冰 *1.*冰加鹽的溫度變化。	·「水若溶入其他東西，是很有趣的科學現象。請你先量量冰水的溫度；把鹽灑入冰水，再量量溫度，有變化嗎？」	·會測量溫度，並發現鹽加的多寡，會影響溫度的降低。	
*2.*製作綿綿冰 圖 B46　製作綿綿冰	·「利用低溫的冰水，可以做些什麼？」 ·在小容器，例如養樂多瓶、小試管，裝著糖水，放入冰鹽溶液內，並且輕輕攪拌。「你是不是也會做綿綿冰？」	·會製作綿綿冰，並會注意飲食衛生。 ·操作後會清洗整理。	第三節
	—本單元結束—		

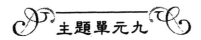

主題單元九

燭光之舞

壹、單元目標

1. 探討燃燒的三要素有可燃物、助燃物，以及燃點。

2. 了解燃燒時，氣體受熱會上升而產生對流現象。

3. 體認火對人類帶來的益處以及可能的危險性。

4. 能善用火，注意用火安全。

貳、使用器材

- 大型保特瓶（～2000mℓ）　1 個

- 蠟燭　3～4 支

- 燒杯（1000mℓ）　2 個

- 方糖　若干

- 小銅釘（或小鋼釘，2～3 公分）　3～4 支

- 牙籤　3～4 支

- 有底盤的燭台　1 個

- 小蘇打、食用醋　若干

・打火機　1個

・橘子皮　少許

・線香　少許

・茶包　2～3個

・刀片（美工刀）　1把

參、活動步驟

活動流程	關鍵動作／語言	評量標準	時間
I.情境關注 ◆ 水中燭光 　1.取一杯水，另準備一支比水位高度較短的蠟燭。 圖B47　水中燭光 　2.觀察與欣賞。 **II.探索發現** **活動** 9-1 對流裝置 ◆ 利用保特瓶上下端各開兩	・「蠟燭要垂直懸在水中，可以怎麼做？」 ・把懸在水中的蠟燭點燃。 「燭火會熄嗎？」 ・「燭光是溫馨、可愛的，你什麼時候會用燭光呢？」 ・「水中燭光，為什麼燭火已在液面下仍然可能不熄滅呢？」 ・「如果把上端兩個口	・能指出蠟燭底部安插幾根銅釘（或較重物質）。 ・會發抒看法。 ・會發現接觸水的地方，會有一層蠟膜形成，而隔離水和燭火。 ・能操作、觀察。	

活動流程	關鍵動作／語言	評量標準	時間
個口，並用膠帶封口，做為可以啟閉的活門。 **圖 B48　對流裝置** **活動 9-2** **橘皮火花** ◆拿著橘皮，對著燭火擠壓。 **圖 B49　橘皮火花** **活動 9-3** **完全燃燒** 1.比較燭火和線香。	打開，蠟燭可以繼續燃燒嗎？」 ・「如果是把下端的兩個口打開，燭火又怎樣？」 ・「上下各打開一個口時，燭火為什麼可以持續燃燒？」 ・「看，有什麼現象？」 ・「哪一種煙比較大？」	・能指出沒有空氣（助燃物）就會熄滅。 ・能指出燃燒時，熱氣流上升逸出，新鮮空氣自下端的開口進入。 ・能說出美麗的火花是因橘皮內有一些可燃性油脂。 ・能說出燃燒需要可燃物。	 第一節

活動流程	關鍵動作／語言	評量標準	時間
2.消除線香的煙。	「為什麼？」 •「怎樣把線香的煙消除掉？」	•能說出煙是燃燒比較不完全所造成的。 •能利用火柴（或打火機）試著去燃燒線香的煙，促使其完全燃燒。	
圖 B50　完全燃燒 活動 9-4 方糖之火	•「方糖是碳水化合物，請直接用火點燃看看！」 •「在方糖上灑一點煙灰，再點燃看看！」	•能察覺煙灰可使燃燒溫度提高，達到方糖的燃點，即可燃燒。	
圖 B51　方糖之火 活動 9-5 熄火活動 1.製造CO_2：在蠟燭周圍	•「燭火怎樣可以熄滅	•能說出把可燃物燒光	

活動流程	關鍵動作／語言	評量標準	時間
先放些小蘇打，再倒入食用醋。 圖 B52-1　熄火活動 （製造二氧化碳）	？」 • 「看到蠟燭周圍有什麼產生？」 • 「為什麼火熄了？」	，或用掉助燃物，或用降低溫度等方法。 • 能說出二氧化碳產生，隔絕氧氣，火就熄了。	
2.掌風與拳風。 圖 B52-2　熄火活動 （掌風或拳風） 活動 9-6 燭光蹺蹺板	• 「對著燭火，手掌用力搧風，火為什麼會熄？」 • 「練武功時，有人用拳風把燭火熄滅，很神奇吧？你也可以試試你的拳風有多厲害！」	• 能指出快速的掌風或拳風，會瞬間降低溫度，可以熄火。 • 能了解每天適度的體操或運動，是快樂又健身的，並能培養運動習慣。	第二節
1.削去長蠟燭底部的部分蠟，讓兩端蕊心都露出來。用牙籤穿過蠟燭中央處，成為中心軸，然後架在兩個玻璃杯中央，構成一個蹺蹺板。	• 「將兩端蕊心點上火，會有什麼現象？滴下的蠟油要怎麼處理？」 • 「為什麼會像蹺蹺板般地擺動？」	• 能在蠟燭蹺蹺板下放張紙或小盤子承接蠟油，以免滴在桌面上，不易處理。 • 能指出上下端燭火燃燒方位，造成兩端重量的改變。	

活動流程	關鍵動作／語言	評量標準	時間
 圖 B53　燭光蹺蹺板 2.蹺蹺板擺動的各項影響因素。 Ⅲ.創造省思 一、昭告天地 　1.把茶包內的茶葉取出，把空茶包立在淺盤上。 　2.寄語上天，祈福平安吉祥。	・「還有哪些因素會影響燭光的擺動情況？」 ・「燭光的活動，除了探索燃燒條件，還讓你想到哪些問題？」 ・「點火，把空茶包燒掉，會有什麼現象？」 ・「人是大自然的一部分，有一份萬物一體的情誼。請你在空茶包上寫一句感	・能進一步探索可能的原因，例如軸心的摩擦、擺動的速度等。 ・會隨時注意燃燒的安全。 ・會討論、發表，例如： 　1.火對文明發展的助益。 　2.火可能帶來的災禍。 　3.用火安全事宜。 ・能指出茶包燃燒後的灰會隨著熱氣流上升。 ・能分享心語，培養人法天地的情懷。	

活動流程	關鍵動作／語言	評量標準	時間
  圖 B54　昭告天地 二、減少空氣污染。	懷的話，也許借這個活動可以和美麗的大自然溝通。」 ・「熱氣流會上升，請設計其他的活動來證明。」 ・「蠟燭燃燒，有時有黑煙，有時有白煙，那是什麼？」 「會有污染嗎？」 ・「我們應該有什麼態度？」 —本單元結束—	 ・會設計並實驗，例如熱氣球、孔明燈、紙蛇旋轉等。養成注意器材使用與活動的安全。 ・會指出黑煙常是來自燃燒不完全，白煙則是蠟油的本身，都可能形成污染。 ・能指出我們應該盡量減少使空氣污染的活動。	 第三節

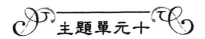

主題單元十

刀叉的力與美

🔩 壹、單元目標

1. 能運用刀叉使用之便及注意安全性。

2. 探討物體平衡與重心的關係。

3. 操作物體導熱的情形。

4. 從科學遊戲中，培養合作與分享的樂趣。

📚 貳、使用器材

· 金屬刀、叉　各2、3支

· 火柴　1盒

· 蠟燭　1支

· 牙籤　若干

· 酒精燈　1盞

· 三角架　1個

· 保麗龍球（約φ2～3公分）　1～2個

· 小厚紙卡　若干

・彩色筆　若干

・不鏽鋼湯杓　1把

・紅糖　少許

・小蘇打　少許

　　（市面有的稱爲發粉、泡打粉）

・免洗筷　1雙

・抹布　1條

活動流程	關鍵動作／語言	評量標準	時間
Ⅰ.情境關注 ◆ 雙叉展翅 　用牙籤（或火柴棒沒有火藥的一端）插住兩支交錯的叉子，並架在玻璃杯緣上。 圖 B55　雙叉展翅 **Ⅱ.探索發現** 活動 10-1 熱傳導 圖 B56　熱傳導	・「將架在玻璃杯一端的木柴棒點燃火。這雙叉子會掉下去嗎？」 ・「為什麼火燒到玻璃杯處，火會自動熄掉呢？」 ・「怎樣可以證明金屬會傳熱？請用金屬刀叉設計一個活動。」 ・在刀叉上取三個點，各滴上一滴蠟油，分別插上牙籤。	・能預測、操作。 ・能說出玻璃杯會傳熱，溫度一降低，火就熄了。 ・會討論、設計，並操作。 ・能指出牙籤依傳導順序，因蠟油融化而倒下去。	

活動流程	關鍵動作／語言	評量標準	時間
	「用火在一端加熱，看看牙籤會不會倒下去？」	・會注意用火及刀叉安全。	
活動 10-2 **鼎足屹立** 1.用三支叉子架成需要牙籤在中央交錯處支撐的三角鼎。 圖 B57　鼎足屹立	・「看，牙籤一抽開，叉子三角鼎就會倒了！」		
2.三角鼎站得住嗎？	・「請在牙籤的端點點火，牙籤燒掉之後，三角鼎是否會垮掉呢？」	・會操作，並指出火焰的熱會被叉子傳導，火自然就熄掉。未燒掉的一小截木棒仍然撐住三角鼎。	第一節
活動 10-3 **平衡玩偶** ◆準備小保麗龍球一個、牙籤一截、叉子一對。	・「我們來利用這些器材組合一個平衡玩偶。」 ・「為什麼小玩偶不會跌倒呢？」	・會製作，並能察覺重心高低會影響玩偶的穩定性。	

活動流程	關鍵動作／語言	評量標準	時間
 圖 B58　平衡玩偶 **活動** 10-4 **紙陀螺** 1. 剪圓形紙卡，並在正中央處插上一支牙籤成為一個簡易的紙陀螺。 圖 B59　紙卡陀螺 2. 顏色的變化。	・「看看誰的紙陀螺轉得最久？」 「哪些因素會影響陀螺旋轉的時間？」 ・「請在紙盤上畫上圖案與顏色，再轉轉看，看看顏色有什麼變化？」	・能把握紙盤的大小、軸心的高低、圓盤的材質、旋轉的技術等因素，製作並操作紙陀螺。 ・會設計、操作，並做紀錄。	
Ⅲ.創造省思 一、刀刃與叉尖	・「刀叉是生活上常用的器具，帶給我們方便，但是我們要特別注意安全性。」	・能討論、發表，並指出「接觸面」愈小，產生的力量（壓力）會愈大。	第二節

活動流程	關鍵動作／語言	評量標準	時間
	為什麼刀刃愈利、叉子愈尖，愈容易引起割傷或刺傷？」	·會設計比較或舉例說明壓力大小的現象。 ·能注意器械的安全。	
二、煮「膨糖」 1. 在不鏽鋼湯杓放入約$\frac{1}{2}$杓的紅糖和水，在酒精燈上加熱。 圖 B60　煮膨糖	·「煮過好吃的膨糖嗎？做做看。」 ·用筷子輕輕攪拌糖水，「看，糖水有什麼變化？」		
2. 當糖水煮成膠糊狀，以筷子輕撈，有糖絲現象時，把鋼杓移開火，並用筷子沾些小蘇打粉，迅速繞圓攪拌糖糊漿。糖糊漿漸漸凝固時，攪拌動作也隨著漸漸放慢速度，並可向圓心位置移動。	·「加小蘇打粉的作用是什麼？」 ·「凝結在鋼杓上的膨糖，要怎樣拿下來呢?」	·能說出小蘇打會產生二氧化碳，使糖糊漿在凝固過程中會膨脹。 ·會把鋼杓放在火上烤一下，讓膨糖底部稍稍融化，就可把膨糖和鋼杓分離。 ·會注意飲食衛生及用火安全，並能分享成果。	
	―本單元結束―		第三節

「主題單元」活動設計的建議

　　運用身邊的東西，安排有趣的科學遊戲，進行創意的探究教學，是我們主題單元活動訴求的本色，相信您也會有許多想法湧上心頭，想為我們的孩子，設計一些有趣又有意義的活動。我們建議您進一步編撰主題單元，邁進自創品牌的、美妙豐盛的創意教學園地。

　　設計活動首先面臨的是科學題材的選擇，從自然的現象、生活的問題、商品的質疑、習俗的沿革、新聞的報導、課本的內容、言談的靈感，或是書籍雜誌的資訊、網站的訊息等，可能都有科學活動的材料，只要多一分留意，可能就多一分取材的機會，所謂萬物靜觀皆自得，是然。關於主題單元設計，我們從設定單元、擬定目標、決定教材、器材準備，以及活動流程五方面做扼要的建議。

一、設定單元

　　科學遊戲主題單元的設定，可從生活器材與科學概念兩個途徑去著手。本書所列的十個主題單元，就是以生活器材做為設定單元的核心；其他素材，諸如以迴紋針、縫衣針為題材的「針鋒相對」，以手帕、布塊為題材的「手帕乾坤」，以橡皮筋為題材的「橡皮筋的變化」等，都可以納入設定單元的考量。關於科學概念為主題的單元設

定，可從物理、化學、生物或地球科學的領域切入，設法組合成統整性的大單元活動，例如「空氣在哪裡？」單元，探討空氣的存在、氣體的性質、空氣與生物的關係，或空氣污染與防治的問題等；「常見的溶液」單元，探討溶液濃度、酸鹼性、導電性、依數性、酸雨問題，或生活中溶液扮演的角色等；「生態之旅」單元，安排戶外活動，探討生物與環境的關係。多看一下，多想一下，科學遊戲單元就可能源源湧現。

二、擬定目標

我們強調「看現象，講道理、有禮貌」，以及「做活動，有創意、真歡喜」。根據活動的年段與教材的內容，參考國民中小學九年一貫課程綱要的能力指標，擬定單元目標。在撰寫目標時，記著請從認知的、技能的，與情意的各個角度，條列敘述。

三、決定教材

在活動設計時，吾人可以依據單元目標來選定活動教材；也可能先有活動教材，再擬單元目標；單元目標與活動教材，互為因果，因應而生。以「目標導向」的教學來說，活動教材的選擇，可從生活問題出發，兼顧本土化與國際觀的特色，以培養愛鄉愛土，且有宏恢國際視野的國民。

四、器材準備

　　根據活動教材的需要，準備器材。在教學活動中使用的器材，就是一般所說的教具，教具器材的準備與運用，有五個原則：

　㈠方便性──盡量採用生活的、本地的器材。

　㈡普遍性──器材數量要足夠讓所有孩子操作、探究。

　㈢效益性──容易引起學習興趣、達到學習成效的教具。

　㈣安全性──要特別注意安全問題，例如用火、刀具、藥品等有危
　　險性器材，要叮嚀安全的使用方法。

　㈤環境教育性──器材的使用，不可造成環境的問題，務必具有環
　　境教育的意義。

　　探究教學裡的教具，扮演極重要的角色。有些製作性的教具，可適度讓孩子親自參與製作，從中體會過程的樂趣，發揮創意的潛能。

五、活動流程

　　這一部分就屬於「教法」的考量了，整個流程可分成引發學習動機與興趣的「情境關注」，進行探究活動的「探索發現」，以及活動的綜合統整或延續發展的「創造省思」三個步驟。詳細內容請參閱本書「A.教育理念篇」第三章第二節「科學／遊戲／創意的教學實施」乙文，斟酌運用安排。

設計教學活動時，除了前述的五項課題之外，活動適用年段、教學時數，以及安全注意事項等，也要妥善規劃。在下一頁列有一份「活動設計表格」供作撰寫單元活動設計的參考；另外有關活動設計項目，會被提到的「教學研究」部分，例如教學策略、教材地位、教材特色、聯絡教學，或學生背景等，雖未列在表格內，仍可視單元的需要，酌予增列。我們一直深信第一線教師是教育革新的真正主體力量，您的關懷投入，將使創意教學更加豐盛，教育園地更加豐美；謹祝福。

科學遊戲創意教學活動設計（表格）

單元名稱		教學時數	
實施年段		設 計 者	

單元目標		使用器材	

活動流程	關鍵動作／語言	評量標準	時間

附　錄

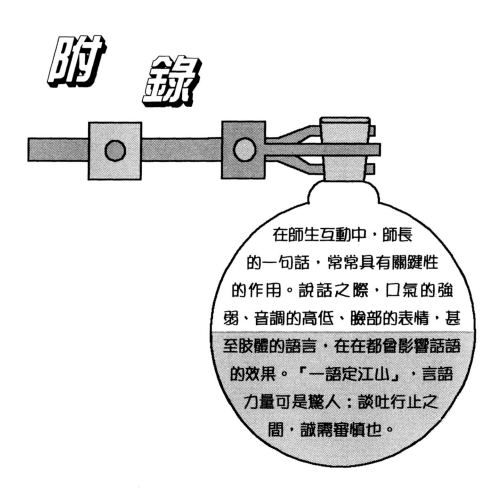

在師生互動中，師長的一句話，常常具有關鍵性的作用。說話之際，口氣的強弱、音調的高低、臉部的表情，甚至肢體的語言，在在都會影響話語的效果。「一語定江山」，言語力量可是驚人：談吐行止之間，誠需審慎也。

助益孩童創造力發展的話語

- ❏ 做得很好！不要灰心，再試一次！

  不放棄，是通往成功的道路哦！

- ❏ 快成功了，加油！加油！

- ❏ 不一定要想一個最好的主意，只要是與眾不同，就可以了！

- ❏ 老師（或媽媽…）覺得你提的問題非常棒，你可以試試看如何改

  變，可以做得更好？

- ❏ 好棒！連老師都沒有想到！再細想一些細節，相信你就滿分了。

- ❏ 還有什麼方法？可以用什麼東西來代替呢？

- ❏ 然後呢？你確定嗎？有不同的看法嗎？老師講的不一定對，說說

  你想的。

- ❏ 想想看，試試看，做做看！

- ❏ 這個想法很好，值得一試。

- ❏ 謝謝你提供這麼棒又特別的點子。

- ❏ 做錯了，沒關係，只要想辦法修正過來。國父革命是經過十次失

  敗後才成功喔！

- ❏ 還有別的辦法嗎？再想一想，你可以更棒！

- ❏ 你的想法很獨特喔！再好好地想，一定有重要的發現，老師好期

待喔！

☐ 生活中有許多有趣的事物，只要你留心去看、去觀察，你會發現這是一個彩色世界。

☐ 就算是只能改一點點，也是不錯的點子。

☐ 要勇於嘗試，你自己就是神奇的魔法師喔！

☐ 你真是有創意，我們以你為榮！

☐ 小天才，做得好，和我們一起分享你的成果。

☐ 活動的結果是很重要，但是，努力的過程是老師更重視的。

☐ 對自己有信心，勇敢去做！

☐ 其他：

_____

_____

_____

附錄二　師長的一句話(二)
阻礙孩童創造力發展的話語

- ❏　大家都這麼做，你記下來就對了！

- ❏　老師說怎麼做，你就怎麼做，不要多問！

- ❏　答案不一樣的，都算錯。

- ❏　你想點「正常的」，再說話。

- ❏　你們現在學得不夠，長大後就會懂了。

- ❏　你好笨哦！連這個也不會。

- ❏　眞糟！你爲什麼總是和別人不一樣呢？

- ❏　這部分和本單元沒關係，不要再問了！

- ❏　你的想法好奇怪，眞是怪人！

- ❏　不要想那麼多了，只要依照課本的內容就對了。

- ❏　你怎麼這樣做呢？又差又爛！

- ❏　老師說的才是對的，不要想太多。

- ❏　你豬頭呀！這樣是完全錯的；可以的話，天都塌下來囉！

- ❏　你的作品眞差勁，沒有一點意義。

- ❏　囡仔人有耳沒嘴！

- ❏　這麼簡單，大家都會，你怎麼不會？你的答案怎麼長得跟大家不一樣，莫名其妙。

☐ 你很麻煩呢！你的話眞多！

☐ 怎麼會有這種怪念頭，你是外太空來的異類嗎？

☐ 你的反應太慢了，要快一點才對。

☐ 你眞壞，每次都是你闖禍。

☐ 怎麼又錯了，不要自作聰明。

☐ 不要異想天開，那是不可能的。

☐ 不要搞怪，你的想法根本是天方夜譚。

☐ 其他：

_____

_____

_____

國家圖書館出版品預行編目（CIP）資料

科學遊戲創意教學：致盛鮮師 vs.至聖先師／陳忠照著.
--初版.-- 臺北市：心理，2003（民 92）
　　面；　公分.--（自然科學教育系列；43006）
含參考書目
ISBN 978-957-702-585-2（平裝）

1. 科學－教學法　　2. 九年一貫課程－教學法

523.36　　　　　　　　　　　　　　　92006178

自然科學教育系列 43006

科學遊戲創意教學：致盛鮮師 vs.至聖先師

作　　　者：陳忠照
執 行 編 輯：陳文玲
總 編 輯：林敬堯
發 行 人：洪有義
出 版 者：心理出版社股份有限公司
地　　　址：231026 新北市新店區光明街 288 號 7 樓
電　　　話：(02) 29150566
傳　　　真：(02) 29152928
郵撥帳號：19293172　心理出版社股份有限公司
網　　　址：https://www.psy.com.tw
電子信箱：psychoco@ms15.hinet.net
排 版 者：臻圓打字印刷有限公司
印 刷 者：玖進印刷有限公司
初版一刷：2003 年 5 月
初版四刷：2021 年 5 月
Ｉ Ｓ Ｂ Ｎ：978-957-702-585-2
定　　　價：新台幣 200 元